SOUVENIRS

DE LA MARQUISE

DELACOSTE

LILLE

IMPRIMERIE DE J. LEFORT

1886

SOUVENIRS

DE LA

MARQUISE DELACOSTE

MES SOUVENIRS

RÉDACTION COMMENCÉE EN 1869

SOUVENIRS

MARQUISE DELACOSTE

LILLE

IMPRIMERIE DE J. LEFORT

—

1886

AVANT-PROPOS

Es souvenirs de la marquise Delacoste ont
été trouvés, après sa mort, au château de
Sebourg ; leur existence était complètement ignorée ;
quand la lecture en a été terminée, il a été décidé,
quoique l'auteur n'y eût jamais songé et ne les
destinât qu'à ses deux filles, de les faire imprimer,
mais uniquement pour sa famille et ses amis.

SOUVENIRS

MARQUISE DELACOSTE

PREMIÈRE PARTIE

LES vieux souvenirs ont toujours eu un grand charme pour moi; plus j'avance en âge, plus ces retours vers un lointain passé me deviennent ordinaires et une source de jouissances véritables. Pourquoi n'essaierais-je pas de fixer sur le papier ces pensées souvent fugitives : comme des éclairs, elles semblent illuminer le passé, et je cherche bien des fois le lendemain ces souvenirs de la veille à demi effacés, quoique dans d'autres moments je les retrouve si vifs encore. Est-ce ma mémoire fatiguée qui commence à me faire défaut ?... Je le crois, et c'est ce qui m'a donné la pensée d'en fixer les dernières lueurs sur ce papier et d'assurer la fin de mon existence contre des regrets impuissants, que l'oubli creuserait lentement mais sûrement, je le sens.

Quand je mourrai, ceci tombera dans les mains aimées de mes chères filles; elles se diront : « Notre mère a cherché à charmer ses moments de solitude, à trouver un aliment contre le vide qui, loin de nous, saisissait son cœur de mère; il s'y résignait parce que la divine Providence avait permis que cette vie lui fut faite tout naturellement par nos établissements, » et elles ne seront pas tentées de sourire à ce qui fut fait sans aucune prétention pour remplir des moments vides et pour satisfaire une disposition d'esprit portée à vivre volontiers dans de chers souvenirs.

Ces dernières années que Dieu semble, dans sa miséricorde, m'accorder pour penser au passé et surtout préparer mon éternité, ne peuvent-elles me donner bien innocemment cette distraction? Ma

conscience me répond affirmativement parce que je
serai toujours vraie, et tâcherai de passer sous
silence ce que je pourrais avoir à pardonner et voudrais avoir oublié! Dieu, dans son immense bonté,
nous donne le constant exemple du plus généreux
pardon; chaque jour nous lui demandons d'exercer
envers nous ce divin attribut de clémence; notre confiance qu'Il répond à cette prière fait la tranquillité,
la sécurité de notre âme; tâchons, à son exemple,
d'imiter de bien loin sa clémence envers nos frères,
nous disant que bien sûrement, hélas! nous avons
fait quelque peine autour de nous, sans le vouloir,
et à ceux que nous aimions peut-être! Couvrons
donc d'un voile épais les petites misères dont nous
avons pu avoir à souffrir pendant une vie déjà longue,
même si le terme en est proche.

Le pardon m'a toujours peu coûté, je n'ai pas
besoin qu'on me le demande pour sentir que je l'ai
accordé, et le sublime enseignement du *Pater*: « Par-
donnez-nous nos offenses comme nous pardonnons
à ceux qui nous ont offensés, » m'est doux à pro-

noncer parce qu'il est dans mon cœur. Ce n'est pas vertu chez moi, c'est une heureuse disposition dont Dieu a daigné me gratifier. Je plains ceux qui éprouvent de la rancune; s'ils sont chrétiens, ils obtiennent par le travail de la volonté joint à la grâce, ce que je fais naturellement sans mérite; mes efforts souvent impuissants se portent ailleurs; Dieu sait combien de défauts je vois en moi et le peu que j'obtiens par mon lâche travail d'amélioration quotidienne. Heureusement que le purgatoire est là pour soutenir notre espérance; c'est un dogme consolant qui prouve l'immense bonté de notre Dieu, miséricordieux encore à l'heure effrayante de la justice. Ce lieu de justification est l'objet de l'ambition des âmes timides et peu vaillantes, mais n'est-il pas après tout l'antichambre du ciel, et ceux qui nous aiment, que nous avons laissés en mourant éperdus de douleur, n'ont-ils pas, de par l'Église, le moyen de nous aider dans le travail de la purification? Nous leur devons le Ciel un peu plus tôt....

Que l'amour chrétien est admirable dans son immortalité, la mort ne fait que le transformer et le rendre plus efficace. Nous pouvons si peu en ce monde pour ceux que nous chérissons et voilà que l'heure de la mort a sonné pour un parent, un ami; vous devenez son puissant protecteur et vous allez le porter, sur l'aile de vos ferventes prières et de vos sacrifices, jusqu'au séjour des joies inconnues les plus pures et les plus immenses. Dieu, en vous le reprenant, vous laisse pour consolation le pouvoir d'aider à son éternel bonheur.

Ces réflexions ont souvent, comme un baume divin, calmé les amères douleurs de mon cœur dans les pertes successives que j'ai faites d'un mari aimé et de parents vénérés.

Je commencerai cette notice par mes chers et bien-aimés parents, afin que mes enfants sachent ce que ma mémoire a pu leur en conserver.

Mon grand-père paternel, chef de sa maison, Octave César Alexandre, marquis de Nédonchel et de Bouvignies, avait épousé, le 20 avril 1772, Eugénie de Boursonne, chanoinesse de Maubeuge, nièce de Monseigneur Léopold Charles de Choiseul Stainville, archevêque de Cambrai, qui célébra le mariage en son palais archiépiscopal; sa tendresse pour sa nièce était toute paternelle, il lui promit en dot sur ses bénéfices ecclésiastiques, une pension viagère de quinze mille francs qu'il ne paya que peu d'années, étant mort avant l'âge de cinquante ans, pour avoir fait abus d'un remède très en vogue alors, les poudres d'Aillot, sorte de panacée universelle, faisant parfois quelque bien et souvent beaucoup de mal. Prêtre pieux, quoique grand seigneur, chose assez rare alors, excellent parent, il fut pleuré de sa famille et des pauvres. Parrain de mon père, à qui il donna son nom de Charles, à cette occasion il offrit à ma grand'mère une jatte à bouillon en vermeil d'un superbe travail, dont je parle ici parce que le testament de ma mère m'a légué ce précieux souvenir de famille, dont je suis bien aise qu'on n'oublie pas l'origine; les armes des Nédonchel et Boursonne qui y sont gravées plusieurs fois, en indiquent les premiers possesseurs.

La fortune de mon grand-père était considérable et son existence à l'avenant. Il avait un hôtel à Paris, rue de Grenelle, qu'il habitait peu ; le visage abîmé par la petite vérole qui avait, en même temps, coûté la vie à sa mère, il n'aimait pas le monde qui lui promettait peu de succès, quoiqu'il eût beaucoup d'instruction, une mémoire prodigieuse, de l'esprit et par suite une charmante conversation ; son père, au contraire, avait toujours vécu à la cour ; tué par accident, jeune encore, dans une chasse à Chantilly, chez le prince de Condé, son ami, il avait laissé des dettes, suite de cette existence de luxe et de plaisir.

Mon grand-père, à sa mort, vendit la terre et seigneurie de Quérénaing au marquis de Wignacourt, pour liquider la succession de son père ; cette circonstance contribua très probablement à augmenter son antipathie pour la manière de vivre des jeunes seigneurs de son temps. Sa vie se passait le moins possible à son régiment, à Bouvignies en grande partie, quelques mois dans son bel hôtel de Douai et six semaines à chasser au château de Bruay en Artois, que le vandalisme révolutionnaire a détruit, et qui était une ancienne demeure féodale remarquable, venue dans la famille de Nédonchel par le mariage de César Aubert de Nédonchel avec Flora Bidal d'Asfeldt, qui le tenait de sa mère Marguerite Spinola, fille de Frédéric Spinola, comte de Bruay, et gouverneur du comté de Namur. Ce château avait douze tours, cinquante-deux portes, trois cent soixante-cinq fenêtres, m'a souvent raconté mon père. La charrue du laboureur passe maintenant sur l'emplacement de la noble demeure, les fossés en sont comblés, et peu de personnes dans le pays connaissent où s'élevaient, il n'y a pas un siècle, les tours orgueilleuses du souverain de Bruay. Sa destruction était restée un regret très vif pour mon grand-père, qui avait perdu par la révolution toutes ses résidences. L'antique Nédonchel fut rasé; Bouvignies, reconstruit par lui peu d'années avant ce terrible bouleversement, subit le même sort, et tombait sous le marteau des démolisseurs, quand son propriétaire s'acheminait vers l'exil avec sa femme et ses quatre enfants; il espérait qu'il ne serait pas de longue durée; cette illusion rendit le départ moins amer!

Ils commencèrent par un séjour en Belgique, puis en Hollande, d'où ils s'embarquèrent pour l'Angleterre; ils éprouvèrent, en quittant le continent, une terrible tempête qui, éloignant leur bâtiment de sa route, faillit le faire échouer sur la côte de Norwège. C'était l'image, hélas! de ce qui les attendait sur la terre étrangère, où commença pour eux une vie de privations et d'incessantes inquiétudes pour l'avenir.

Le gouvernement anglais accordait avec générosité aux grades militaires une pension, c'était du pain; mon grand-père était maréchal de camp; toute la famille se mit courageusement à chercher par son travail, à améliorer sa position, l'or apporté par la prévoyance paternelle s'épuisant, l'argenterie et les diamants vendus et placés dans une banque, ayant été perdus par une banqueroute, terrible malheur dans un pareil moment !

Ils avaient amené avec eux quelques serviteurs fidèles et dévoués, dont peu à peu il fallut se séparer, ne pouvant plus ni les payer, ni même les nourrir. Un cuisinier, nommé Cardon, dont la descendance habite encore Sebourg, lui était resté ; mon grand-père eut l'idée de l'utiliser en établissant une pension pour vivre en commun et par conséquent plus économiquement, avec des émigrés de sa connaissance ; il avait quelquefois jusqu'à vingt et trente commensaux, la plupart d'illustres familles de France qui, après un très modeste repas, passaient la soirée chez lui, les hommes en s'entretenant d'un heureux passé, des infortunes du présent, des illusions de l'avenir, s'encourageant, se venant en aide, sachant encore être gais, spirituels, aimables. Les princes de Polignac, Armand et Jules, étaient les habitués assidus ; ils amenèrent plusieurs fois le comte d'Artois, depuis S. M. Charles X, qui oubliait son rang, au milieu de cette noblesse dévouée, fidèle et malheureuse.

Mon père nous racontait que, pour se rendre utile, il avait vainement cherché une industrie un peu lucrative; une recette que lui avait procurée son oncle, le comte de Boursonne, pour faire de la pommade, avait aussi mal réussi que son essai pour d'élégants chapeaux de paille; les Ladies à la mode les dédaignèrent, et mes tantes, très adroites, voyant le désappointement et le chagrin réel de leur frère, lui persuadèrent qu'ayant travaillé quelquefois au métier à tapisserie en permanence dans le salon de leur mère, il pourrait essayer de manier l'aiguille et raccommoderait les bas de toute la famille, ce qui leur permettrait de ne pas quitter la confection des jolis objets qui se vendaient si bien au sortir de leurs doigts de fée. Mon pauvre père se résigna à ce rôle secondaire qui, s'il ne flattait pas son amour-propre, avait au moins une utilité incontestable, mais il nous avouait qu'il lui avait fallu souvent beaucoup d'énergie pour ne pas s'endormir sur son ennuyeux ouvrage. Son frère, plus heureux, réussissait dans la peinture à l'aquarelle; les fleurs, les oiseaux, les papillons ornaient de jolis écrans qui se plaçaient d'une manière avantageuse. Le petit talent que mon père possédait sur le violon n'avait d'autre utilité que celle de distraire et d'amuser sa famille.

Quelle douleur pour mes grands-parents de voir se prolonger si longtemps cet exil à l'âge venu surtout d'établir leurs filles, chanoinesses de Maubeuge, sorties de leur chapitre chassées par la révolution et vouées au célibat par la prudence paternelle jointe à leur haute raison. Ma tante Emélie, l'aînée, était un type de distinction et d'amour de son nom, qui, pour elle, avait remplacé l'amour naturel que Dieu met au cœur de la femme pour l'époux et pour les enfants. Elle aimait tendrement ses frères, mais surtout comme représentant cette noble souche dont elle était sortie; elle se sacrifia alors et toujours avec une sorte d'héroïsme qui n'était pas sans grandeur et qui les trouvait plus reconnaissants que nous, génération suivante, qu'elle aurait volontiers sacrifiée également à son idole. Nos idées ne pouvaient être celles d'autrefois; les chapîtres n'étaient plus là pour abriter honorablement notre dévouement; nous tenions à la petite place que Dieu nous avait faite dans la famille et dans le monde, ce qui l'étonnait et la scandalisait presque. Elle nous racontait que sa grand'-mère, Eugénie de Nédonchel, héritière de la branche aînée de sa maison, avait renoncé à de brillantes alliances pour attendre la naissance d'un cousin qui, destiné à être son mari, l'épousa à quinze ans, bien qu'elle en eût vingt-sept, afin que ses grands biens restassent dans la famille. Ma tante trouvait cela si simple, que notre étonnement la peinait et un soupir s'échappait de son cœur à l'adresse de la révolution, entrée, hélas! un peu dans les nôtres.

Ma tante fit, en émigration, une singulière passion; le vieux duc de Polignac, âgé de quatre-vingt-quatre ans, ancien beau de la cour de Louis XV, la demanda très sérieusement à son père en mariage; elle n'avait que dix-huit ans, et quoiqu'il fût très grand seigneur, beau vieillard, d'un grand air, et qu'il lui témoignât une très grande affection, elle se trouva peu de vocation à devenir la seconde mère d'hommes de plus de cinquante ans.

Quelques mots sur la famille de ma mère trouveront leur place ici : Mon grand-père maternel, Alexandre Bonaventure baron de Nédonchel, cadet de famille, oncle de mon grand-père paternel, avait épousé, en 1776, Bonne Victoire le François d'Orchival d'une naissance moins ancienne et moins illustre que la sienne, laquelle donnait entrée de droit aux filles, sans contestation, dans tous les chapitres nobles d'accès le plus difficile ; il ne fit pas cependant ce qu'on appelle une mésalliance, et trouva chez sa femme une grande fortune qui lui manquait, de la beauté et la réunion des qualités les plus attachantes. Elle fut mariée à quatorze ans parce que son oncle, Monsieur d'Artois, possesseur du château du Jolimetz et d'une jolie fortune, voulait les lui laisser par contrat de mariage et non par testament. Mon grand-père la quitta aussitôt après la cérémonie pour aller rejoindre à Lunéville sa compagnie de

gendarmerie rouge, corps d'élite extrêmement recherché par la noblesse de ce temps, laissant sa jeune
femme entre les mains de sa mère, remariée au
comte de Puységur, lieutenant-général, gouverneur
du Quesnoy et de Calais et cordon rouge; il était
pour elle un second père, et partageait sa tendresse
entre elle et une fille du marquis le Danois de Cernay,
dont il avait épousé la veuve en premières noces et
que celle-ci lui avait laissée en mourant. Héritière
de la belle terre de Raimes, elle fut très recherchée
et épousa le comte de La Marck, prince Auguste
d'Arenberg. Telle fut l'origine de la grande liaison
de ces deux jeunes femmes qui, sans être parentes,
semblaient sœurs parce qu'on les voyait souvent
ensemble, conduites par le comte de Puységur, leur
beau-père.

S'il eut à s'applaudir du mariage qu'il avait fait
faire à ma grand'mère, celui si brillant de son autre
belle-fille, fut pour lui une source de chagrins la
voyant peu heureuse; avec tout ce qu'il fallait pour
fixer le cœur de son mari, elle ne put y parvenir.

On attribuait à la Reine d'y avoir contribué. Quand elle lui fut présentée, Sa Majesté se retourna et dit à une de ses Dames, derrière son éventail : « Qu'elle est gauche ! » Le prince Auguste, placé à quelques pas de Marie-Antoinette et qu'elle n'avait pas vu, entendit cette parole peu bienveillante, qui blessa son orgueil. L'infortunée reine était bonne cependant, c'était une simple irréflexion, mais tout est grave, tombant de si haut et d'une façon d'autant plus fâcheuse que la jeune princesse d'Arenberg, intimidée, n'était pas dépourvue des avantages extérieurs et devait plaire par sa fraîcheur et l'agrément de sa personne.

Le baron de Nédonchel eut un fils et deux filles. Ma grand'mère passait chaque année quelques semaines à Lunéville dans le moment des fêtes qu'y donnaient les capitaines des compagnies rouges ; son mari y tenait un état de maison honorable avec le comte Dauger, son ami. Tous deux distraits oubliaient quelquefois que leur dîner était préparé pour un nombre de convives limité, et la table hospitalière se trouvait le soir trop bien entourée. Ils eurent recours à un singulier moyen pour s'obliger à rester dans les bornes convenues : avant de sortir, ils se partageaient un certain nombre de haricots qui représentait celui des convives; placés dans la poche de leur gilet, ils en jetaient un à chaque invitation; le chagrin de mon grand-père était réel quand, sa poche ne contenant plus de haricots, il se voyait forcé de remettre un ami à un autre jour. C'est cette liaison de jeunesse, cette camaraderie de mon grand-père avec le comte Dauger, qui amena, par la suite, le mariage de son fils, le comte Frédéric, avec la sœur cadette de ma mère.

Ce beau corps de la gendarmerie du roi, dissous quelques années avant la révolution par mesure économique, faisait partie de la maison royale; le simple gendarme était officier, les capitaines avaient le rang de colonel; leur uniforme rouge, brodé d'argent sur toutes les coutures, était d'une richesse extrême; mon grand-père, dans ses fréquents retours vers le passé, en parlait toujours avec un certain sentiment d'orgueil. Il avait commencé sa carrière militaire à quinze ans, en faisant comme capitaine au régiment de Beauvillers, les dernières campagnes de la guerre de sept ans, où il eut les pieds gelés; ils perdirent l'élégance de leur forme, mais il les regardait avec fierté, au doux souvenir de sa belliqueuse jeunesse. Il devint par la suite lieutenant-général et commandeur de Saint-Louis; il avait été député de la noblesse de Flandre aux États-Généraux et depuis la révolution, membre du Conseil général du département du Nord jusqu'à sa mort.

Sa femme était charmante; elle avait une forêt de cheveux noirs magnifiques, une figure régulière, un teint de lys et de roses, de beaux yeux bleus, un nez modèle, beaucoup d'agrément dans l'esprit, de la conversation et une instruction peu commune dans son temps; elle faisait de jolis vers, aimait à composer de petites pièces de théâtre dans lesquelles elle jouait son rôle avec succès; son talent d'actrice était très apprécié aux représentations qui se donnaient au château de l'Hermitage chez le maréchal duc de Croy, où il y avait une salle de spectacle digne de cette splendide demeure. Le fond du théâtre s'ouvrait sur la forêt, et la partie de chasse d'Henri IV, très en vogue alors, était représentée d'une manière merveilleuse, ayant comme décoration naturelle la meute poursuivant le cerf, les piqueurs à cheval, le son des cors, etc. Un ancien tableau, genre Watteau, encore au château de Raimes, représente une de ces belles fêtes qu'on donnait alors dans ces demeures princières, si hospitalières pour la noblesse du pays. La baronne de Nédonchel y est représentée enlevée par des Turcs, et la comtesse de Puységur, sa mère, essayant en vain de l'arracher à ses ravisseurs ; le détail de chaque scène occupe un compartiment ; la jeune héritière de Raimes, dont le jour de naissance était l'objet de la fête, dans le milieu de la toile, reçoit les félicitations et les vœux du bailli et des invités.

Quand la baronne de Nédonchel fut présentée à la cour, la Reine dit : « Est-ce elle qui me ressemble ? » On répondit à Sa Majesté que c'était sa tante, la marquise de Nédonchel, qui avait effectivement quelque ressemblance avec Marie-Antoinette. » Je trouve la baronne charmante, » dit-elle, ce qui lui fut répété par des amis bienveillants. La marquise n'avait pas été présentée après son mariage, son mari voulant vivre en province. A propos de cette présentation de ma grand'mère, un épisode assez plaisant fut la fatuité du coiffeur de la Reine; Léonard, qu'il était d'usage de prendre pour cette grande circonstance, se fit attendre, et elle fut forcée de se confier aux talents équivoques de sa femme de chambre; il arriva, comme l'échafaudage si difficile à établir, imposé par la mode d'alors, était terminé; « Ce n'est pas mal, dit-il, en ajoutant quelques épingles et en jetant un coup d'œil protecteur, d'ailleurs je dirai à Sa Majesté que c'est moi qui ai coiffé Madame, c'est l'essentiel.... » comme aussi les quelques louis que l'étiquette lui octroyait en pareil cas.

Les coiffures de ce temps étaient si hautes que les femmes se mettaient à genoux dans leur voiture pour se transporter au bal, et quand on devait faire quelques lieues dans cette position, ce que ma grand'-

mère avouait lui être arrivé souvent, c'était acheter bien cher le succès de la soirée.

Mais les nuages commençant à s'amonceler à l'horizon politique, éloignèrent ces charmantes distractions, dont la principale condition d'existence est la sécurité pour le sort et l'avenir de ce qu'on aime. On est moins aimable généralement qu'autrefois, c'est un fait; nos parents ont beaucoup souffert et nous ont élevés plus sérieusement, et, il faut le dire, puisque c'est un bienfait, plus religieusement. On vivait alors pour s'amuser; il y a eu parfois excès, mais je crois qu'on a souvent calomnié une époque où, dans bien des familles, régnaient, quoi qu'on en dise, la pureté des mœurs et l'exercice de la charité chrétienne avec ces habitudes d'une vie consacrée, en grande partie, aux plaisirs de la société. Le voltairianisme, Dieu merci, n'avait pas tout infecté.

Le comte de Puységur fut nommé ministre de la guerre par l'infortuné Louis XVI dans l'année 1788;

il le resta quelques mois pendant lesquels sa femme le suivit à Versailles. Mon arrière-grand'mère était au niveau de sa position; d'une amabilité rare, jointe à un grand usage du monde, je n'ai jamais entendu parler d'elle qu'avec respect et admiration. Ma tante Aldegonde, sœur de mon père, qui vécut jusqu'à quatre-vingt-dix ans et avait conservé une grande mémoire et beaucoup d'agrément dans la conversation, nous disait devoir au contact fréquent de Madame de Puységur ce que nous admirions en elle, comme si rare de nos jours : « Dieu ne m'avait pas donné son esprit, nous disait-elle; mais la bienveillance, le désir d'être agréable sont à la portée de tous, et en l'admirant, j'y ai gagné. » Elle fut donc appréciée à la cour, déjà si restreinte, car les nuages qui s'amoncelaient avaient fait fuir une grande partie des courtisans : le malheur en a si peu !

Ma mère se rappelait ce séjour dans le palais de Louis XIV, et m'a montré les fenêtres de la chambre de sa grand'mère au ministère de la guerre, le lieu où elle voyait le jeune Dauphin travailler à son jardin, celui où la Reine avait daigné lui dire quelques mots; tous ces souvenirs avaient frappé sa jeune imagination. L'amour de nos rois était un culte dans la noblesse française, l'enfance y participait et se formait sous cette influence à perpétuer ce sentiment; les malheurs qui ont suivi ont ajouté le sceau sacré de l'infortune à des sentiments déjà si vifs.

Ma mère et ma grand'mère ont quitté Versailles pour émigrer le jour de la prise de la Bastille; elles traversèrent Paris au péril de leur vie, et ne durent leur salut qu'au sang-froid de ma grand'mère et au dévouement d'un garde-française qui les reconnut et, les voyant en but aux soupçons du peuple en délire, monta sur le siège de leur voiture pour les protéger. Elles partirent pour Calais, y passèrent un an, puis émigrèrent à Aix-la-Chapelle d'abord, de là à Maëstricht. Mon grand-père et son fils ayant pris du service dans l'armée de Condé, comme la plus grande partie des gentilshommes français, le baron de Nédonchel y eut un emploi de maréchal de camp, son fils lui servit d'officier d'ordonnance; le comte de Normont Rinsart, parent de sa femme, fut son aide de camp.

On sait que l'opinion blâma cette levée en masse de la noblesse contre la révolution; elle était dans les mœurs du temps qui plaçaient l'autel et le trône avant la nation; sa justification, hélas! était dans l'avenir; combien la France souffre pour les avoir renversés! Près d'un siècle n'a pu consolider un état de choses qui certainement a amené des améliorations utiles, et cela prouve que cette respectable base est nécessaire : notre édifice social croule parce qu'il n'en a plus. Si les princes eussent réussi à délivrer Louis XVI, une grande honte et un crime affreux eussent été épargnés à la nation. L'infortuné monarque avait senti la nécessité de changements réclamés par elle, il les avait accordés, mais il fallait qu'il conservât l'autorité pour marcher dans cette voie nouvelle, et que l'œuvre respectable des siècles se perpétuât en sa personne et celle de ses descendants, comme principe indispensable d'ordre et d'avenir.

La ville de Maëstricht fut assiégée par les armées de la République en 1793 ; les émigrés, de concert avec les Hollandais et les Brunswickois, la défendirent héroïquement, jusqu'à l'arrivée de l'armée autrichienne qui délivra les malheureux exilés et leurs familles, de la crainte de la guillotine.

Une société française très choisie rendait ce lieu d'exil aussi doux que possible ; on se réunissait pour se dire les nouvelles si sombres que chaque jour apportait, et trouver quelque consolation dans un commun malheur. On y composait des petites pièces, on y faisait des vers, on s'y livrait un véritable assaut de talent, de verve et d'esprit français. Mon grand-père put revenir passer quelques moments à son château du Jolimetz, quand les Autrichiens occupèrent Valenciennes, Menin et le Quesnoy ; l'armée des Princes avait été licenciée, il espérait se procurer quelques ressources pour sa famille proscrite. Pendant ce séjour, il eut l'honneur de recevoir durant quelques jours, S. M. l'Empereur d'Autriche qui, à cette occasion, lui donna en souvenir une tabatière ornée de perles fines avec son chiffre en brillants, précieux joyau de famille légué à mon frère le marquis par le testament de ma mère.

Les Autrichiens ayant quitté le nord de la France en 1794, mon grand-père revint à Maëstricht rejoindre sa famille qui dut fuir devant les succès de l'armée française. Cologne d'abord, puis la Westphalie leur furent hospitalières ; ils se fixèrent dans un bourg à Attendorn par motif d'économie ; la princesse Auguste d'Arenberg et la famille de Franclieu vinrent les y rejoindre ; c'est là qu'ils apprirent la fin tragique de la respectable mère de mon grand-père, la vicomtesse de Nédonchel de Staple, qui fut immolée à Cambrai, par ordre du féroce Lebon, sur l'échafaud révolutionnaire, à l'âge de plus de quatre-vingts ans, avec ses deux filles qui avaient fait le sacrifice de leur vie, en restant en France pour soigner et partager les périls de leur mère infirme. Mon grand-père aimait tendrement sa mère qui avait eu une famille très nombreuse, et qui sut, en vivant dans ses terres, tout en y faisant beaucoup de bien, économiser et doter ses filles aînées, la baronne d'Assignies et la marquise de Tramecourt, et acheter des charges militaires à ses fils; il lui devait donc son avancement rapide dans l'armée; sa douleur fut si grande qu'on craignit pour sa vie, et jamais il ne put penser sans verser des larmes, au sort affreux de sa bonne et sainte mère. Je l'ai vu en 1825 ne pouvant prendre sur lui de traverser la ville de Cambrai et en faire le tour dans de mauvais chemins, tant ce néfaste souvenir le dominait encore trente-deux ans après. J'ai encore en ma possession un précieux autographe de cette respectable aïeule; c'est une réponse à une lettre de nouvelle année que lui avait adressée mon père le 1er janvier 1792. Elle le remercie de ses vœux et semble pressentir un avenir funeste qui l'attend dans cette France livrée à l'anarchie, où elle était restée, devant espérer cependant que le bien qu'elle faisait à Baralle, le respect qui l'y entourait, sa vieillesse, seraient sa sauvegarde.

Mais revenons à ma famille si douloureusement éprouvée par cette catastrophe. Elle se fixa à

Fritzlar, petite ville pouvant lui offrir quelques ressources et une existence économique, telle qu'il convenait à sa position si précaire. C'est là qu'elle fit la connaissance de la famille de Waldeck, de la branche cadette des princes souverains de ce nom, habitant le château de Bergheim ; elle en reçut mille marques d'intérêt qui s'adressaient d'abord aux pauvres étrangers proscrits, puis devinrent celles d'une amitié réelle et partagée.

Pendant plusieurs années que mes parents habitèrent Fritzlar, ma mère et ma tante cherchèrent à utiliser leurs talents ; elles faisaient des découpures de papier de toutes couleurs formant des petits tableaux de fleurs, chefs-d'œuvre d'adresse et de patience, des images délicieusement peintes, des broderies, des ouvrages de tous genres, etc. Tout cela s'achetait par les soins de leurs amis et de leurs protecteurs, et venait en aide à la détresse de la famille. Ma mère donnait des leçons de français et de dessin dans un couvent, mon grand-père avait loué un jardin qu'il cultivait avec son fidèle Lapierre ; ma pauvre grand'mère, toujours souffrante, ne pouvait qu'encourager sa famille par sa force d'âme et sa confiance en Dieu. Son amabilité la faisait chérir de tous ceux qui l'approchaient, et chacun cherchait à lui être utile. Sa mère, la comtesse de Puységur, avait trouvé ainsi que son mari, une hospitalité princière chez le duc de Brunswick; une pension de l'impératrice de Russie offerte au comte, les mit à l'abri du besoin; ce fut un grand repos d'esprit pour la baronne qui aimait tendrement sa mère. Elle dut quitter Fritzlar après un séjour de plusieurs années, chassée par les armées françaises et s'éloigner de cette bonne famille de Waldeck, non sans avoir passé quelques jours sous son toit et s'être promis un éternel souvenir. Jamais mes parents n'ont oublié cette noble famille, et la reconnaissance qu'elle méritait a été dite à leurs enfants.

Mais j'ai prononcé tout à l'heure le nom de Lapierre, je veux parler ici de cet excellent serviteur; mes grands-parents avaient eu le bonheur de conserver en émigration, une femme de chambre nommée Louison qui ne voulut jamais les quitter et les servit sans gages avec un dévouement d'autant plus méritoire, qu'il ne s'est pas arrêté devant les rudes labeurs et les privations de l'exil; elle épousa le valet de chambre de mon grand-père, Lapierre, qui avait accompagné ses maîtres dans les mêmes conditions de désintéressement; il poussa le dévouement jusqu'à l'héroïsme dans les moments de détresse les plus pénibles de ses maîtres, étant parti furtivement pour la France, et parvenu, en se cachant, à joindre quelques débiteurs et à rapporter ainsi à mes parents un argent précieux en pareil moment; mais il eût pu payer de sa vie ce secours, car étant sur la liste des émigrés, la guillotine l'attendait s'il avait été reconnu et dénoncé. Ces braves serviteurs, ou plutôt ces amis, sont morts au Quesnoy entre les bras de ceux qu'ils avaient si noblement servis, Lapierre vers 1814 ou 1815, et Louison en 1828.

C'est moi qui lui ai dit, non sans une grande émotion, les prières des agonisants, et mon pauvre mari m'a souvent assuré qu'étant au Quesnoy ce jour-là avec ses parents, il avait été frappé de ma tristesse, et que l'attachement qu'il commençait à avoir pour moi s'en accrut.

Mais retournons en Allemagne, à Blankenbourg, dans le palais ducal mis par le duc de Brunswick à la disposition de quelques émigrés. L'ancien archevêque de Bourges, Mgr de Puységur, desservait la chapelle et fut l'aumônier de cette petite colonie. La protection bienveillante du duc leur fut précieuse pendant leur séjour à Blankenbourg; il les invita plusieurs fois à dîner chez lui et, malgré leur simple toilette d'émigrés, à des fêtes et réunions brillantes où se trouvaient la princesse d'Orange, la princesse Auguste de Brunswick, les princesses de Baden, la future reine d'Angleterre, etc., on les accueillait avec intérêt et bonté.

En 1797, la famille se fixa à Nehaus près de Paderborn dans une maison proche de la villa du Prince Evêque. Le voisinage d'émigrés de distinction et de quelques parents, leur rendit ce séjour assez agréable, puis l'espérance commençait à renaître; l'ordre, se rétablissant en France, semblait faire présager des jours meilleurs. Mon grand-père y fit secrètement plusieurs voyages; d'honnêtes débiteurs lui rendirent un argent bien précieux alors; il put entrevoir la possibilité de racheter quelques propriétés, de reconstituer une petite fortune à sa famille. En 1799, il la ramena à Tournai, où l'avait précédé la branche aînée de la famille, et où s'étaient réunis beaucoup de Français que la tempête révolutionnaire avait dispersés. Quelques familles belges distinguées faisaient les honneurs de la ville, donnaient des fêtes et des dîners où la simplicité régnait, ce qui permettait aux pauvres réfugiés d'y paraître. Les Mérode, les d'Ennetière, les Béthune, Joigny, Beauffort, Wignacourt, formaient le noyau de ces réunions dont mes parents conservaient un charmant souvenir. C'est là que mon père et ma mère se retrouvèrent, après dix années qui avaient vu leur opulente enfance se transformer en une toute autre position; ils se réunirent souvent en famille, jusqu'au jour où le baron de Nédonchel, ayant racheté au Quesnoy un hôtel qui, avant la révolution, avait appartenu à Madame d'Espinoy, tante de sa femme, y établit sa famille; peu de temps après, il eut la douleur d'y perdre son fils unique, Alexandre, lequel, ayant eu l'imprudence d'aller se baigner après son dîner dans les fossés de la ville, en fut retiré noyé. C'est ce tragique événement qui décida le mariage de mes parents. La réunion des deux branches semblait pour tous les Nédonchel un heureux présage; ma mère était bonne et charmante, mon père l'aimait; l'habitude prise de vivre avec économie limitait les besoins, on avait vu qu'on pouvait être heureux dans la médiocrité, puis une certaine confiance dans l'avenir, justifiée au reste par les événements, était au fond des cœurs.

Ma mère fut deux ans sans donner aucun signe de cette grande fécondité qui devait, par la suite, satisfaire, et au delà, les désirs des siens; aussi mon grand-père paternel, sérieusement inquiet de voir s'éteindre son nom, décida son second fils à se marier.

Mon oncle était d'une grande piété et aimait la retraite, mais, soumis à son père, il fit le sacrifice de ses goûts, et trouva le bonheur en s'unissant à une femme d'une grande vertu.

Je naquis au Quesnoy le 14 mars 1808. J'avais été précédée en ce monde par une sœur, Octavie, qui ne vécut que trois ans, et un frère, Maurice, quelques mois. Ma belle-mère, Juliette d'Espiennes, marquise Delacoste, m'a souvent raconté le désappointement de la famille à mon premier cri. Amie de ma mère, elle se trouvait près de son lit de douleur; on lui remit cette petite fille qui aurait dû être un fils, et la prenant sous sa protection, elle dit en plaisantant à ma mère : « Ce sera une femme pour Adolphe. » Ce vœu maternel devait se réaliser vingt ans plus tard, et fut, durant toute mon enfance, la cause de sa part d'une amitié toute particulière dont les témoignages venaient me distinguer dans cette petite bande d'enfants qui, en peu d'années, donna à mes parents une lourde charge et venait continuer les déceptions de mon père, puisqu'un petit frère, qui vint après moi, Alexandre, ne vécut pas, et qu'Ernestine, Georgine, Hortense, n'étaient aussi, hélas, que des filles !

Ma mère avait nourri ses premiers-nés sans succès, elle avait souffert cruellement d'abcès au sein ; on lui conseilla de me confier à une nourrice étrangère. Peu riches alors par les malheurs de l'émigration, et convaincus que l'air de la campagne et des bois serait salutaire à leur enfant, mes parents me confièrent aux soins d'une bonne mère de famille, qui me nourrit et m'éleva comme ses enfants à Carnois, hameau de Gommegnies, à une lieue du Quesnoy. Ma mère, inquiète, venait souvent surprendre ma bonne nourrice et jamais ne trouvait ses soins en défaut. Elle ne connaissait pas alors le luxe d'un équipage et venait à âne ou à pied embrasser sa petite fille. Elle m'a raconté souvent qu'elle me trouvait dans le bois, sur le dos d'un petit frère de lait de treize à quatorze ans, ma bonne habituelle, gaie, fraîche, vermeille, l'objet des soins affectueux de cette famille de braves gens, qui fut la mienne pendant plus d'une année.

Pour rendre mon retour à la maison paternelle moins pénible, on m'y ramena avec ce petit Alexis, mon ami particulier ; mon grand-père le garda comme domestique ; plus tard, devenu son valet de chambre, il se dévoua à son bon maître dont la vieillesse pénible avait besoin de soins assidus ; il nous remplaçait quelquefois pour lui lire *la Quotidienne* que notre jeunesse trouvait si ennuyeuse ; la monotonie de sa diction endormait le bon vieillard qui ne s'en plaignait pas ; c'était l'oubli d'infirmités qu'il supportait sans murmurer, mais avec chagrin. C'est dans les bras de ce bon serviteur qu'il rendit le dernier soupir, et seize ans plus tard, mon père reçut également ses bons soins. Dans ses derniers moments, le brave Alexis le veilla plusieurs mois et en perdit le sommeil pendant des années. J'ai conservé un attachement réel pour ce bon serviteur, et le jour où je le perdrai, je me trouverai un ami de moins ; on en a rarement dans la vie qui datent d'aussi loin.

Je ne conservai pas longtemps la bonne santé que m'avait donnée ma première et robuste éducation. Ma grand'mère de Puységur, ma marraine, habitait encore Tournai, où le docteur Courtois jouissait d'une certaine vogue comme médecin d'enfants; elle demanda sa petite filleule pour la mettre sous sa direction. Je fus confiée à ses soins et passai près d'elle près de trois années dont je me rappelle d'une manière étonnante. Caroline, sa femme de chambre, me soignait et escamotait les drogues du docteur, qui eut la réputation de m'avoir sauvée : sa figure étrange, sa longue queue, sa poudre et sa redingote grise, ne peuvent s'oublier, mais surtout les gâteries de ma bien chère aïeule.

De temps en temps j'allais dîner chez mon grand-père paternel où je trouvais une petite cousine, Joséphine, depuis marquise de Courtebourne; c'était une variante dans mes plaisirs, car on s'occupait de moi chez ma grand'mère avec une complaisance et une bonté soutenues. Je vois encore les habitués de son salon : le marquis de Wignacourt, la comtesse de Mérode Dynse, le comte et la comtesse François de Lannoy, ma tante Aldegonde, le baron de Joigny; tout ce monde me faisait jouer par galanterie pour elle.

Quand ma santé parut remise, on me ramena au Quesnoy; elle m'y suivit, se trouvant trop âgée pour être loin des siens. On lui arrangea une maison vis-à-vis l'hôtel de mon grand-père, et j'y restai sous son aile protectrice jusqu'à sa mort qui eut lieu à la fin de 1814. Elle eut le bonheur de revoir les Bourbons en France; l'émotion, la joie qu'elle en éprouva ne fut-elle pas une des causes de sa fin!....

Monseigneur le duc de Berry vint au Quesnoy et passa la journée chez mon grand-père; j'étais consignée dans la chambre de ma mère; je trouvai le moyen de m'en sauver et de me mettre derrière le fauteuil et sous l'égide toujours respectée de ma bonne aïeule. Le prince lui demanda si j'étais de sa descendance, et m'embrassa, ce dont je fus très fière. Il donna, dans le salon, l'accolade de chevalier de Saint-Louis au maréchal Mortier et au général de Rottembourg. Je le vois, dans mes souvenirs, avec sa vivacité un peu brusque, tirer son épée ; mon effroi fut grand. Mon grand-père, comme lieutenant-général, voulut, malgré ses soixante-dix-sept ans, l'accompagner une partie de la journée à cheval aux revues.

Le duc d'Angoulême vint aussi déjeuner chez lui cette même année ou après les cent jours ; je ne me rappelle que le fait, la date m'échappe ; il plaisait moins que son frère, disait-on autour de moi.

Ma grand'mère n'éprouva pas le chagrin des cent jours ; elle s'éteignit au Jolimetz, dans les bras de ma mère, croyant nos malheurs finis. Ma douleur fut grande, je l'aimais tendrement. Les domestiques, avec adresse, pour me consoler disaient : « Pauvre enfant qui était si choyée, elle a raison de pleurer !.. »

Ma mère, si bonne, comprit que je serais malheureuse dans la chambre d'enfants avec les autres, elle me confia à Charlotte, sa femme de chambre (pour moi dodo), qui devint plus tard Madame Brianne. Elle prit tellement au sérieux son rôle de protectrice, qu'elle avait des querelles affreuses avec la bonne de mes sœurs, Mademoiselle Schalers, quand celle-ci se permettait de me faire une observation. L'excellente Louison, la femme de charge, l'amie de l'émigration, avait fort à faire pour faire régner la paix, souvent troublée à cause de moi. Ma mère, par suite de ces difficultés, se décida à me mettre au Quesnoy, dans une petite pension, tenue par Mademoiselle Midon, où je restai plusieurs années. C'était une maison assez mal montée, les enfants étaient peu surveillées, et le contact de petites filles assez mal élevées avait des inconvénients. Une vieille et sainte personne, Mademoiselle Beaucourt, me menait promener, m'expliquait mon catéchisme, me prenait souvent dans sa chambre, mais elle m'ennuyait ; je lui échappais et faisais beaucoup d'espiègleries.

Un grand événement pour ma famille, le 25 août 1815, fut la naissance de mon frère Louis. Mes parents avaient perdu successivement, en bas âge, deux garçons; trois filles leur restaient. Le comte Eugène, frère de mon père, avait bien un fils, mais il

était frêle et délicat, et mes deux grands-pères dési-
raient voir assurer, autant que possible, la perpétuité
de leur race. Ce désir était légitime assurément, sa
réalisation fut une joie bien grande. L'enfant était
superbe. Sa naissance, au moment où les Bourbons
rentraient en France, après les douleurs de la fin de
l'Empire, fut fêtée et semblait doublement heureuse; on l'appela Louis, comme le roi le désiré qui
apportait, en rentrant en France, la paix et l'espérance. Ce berceau semblait contenir aussi celle de
cette famille dévouée à ses princes, et comme eux
si éprouvée !....

Je me rappelle mon admiration et celle de mes
petites sœurs, en face de cet enfant que nous osions
à peine toucher et embrasser, tant il nous paraissait
précieux. La préférence dont il était l'objet de la
part de nos parents, nous semblait toute naturelle et
n'excitait en nous aucune jalousie : nous avions prié
Dieu pour sa venue; il avait, par avance, été l'objet
de nos espérances, nous le trouvions charmant.
Dans le fait, il était heureusement doué : une jolie

figure qui fut toujours ouverte et avenante, une belle
santé, par la suite de la facilité pour toute chose.
Son baptême réunit toute la famille ; on songea à son
avenir et on lui donna pour parrain un vieux parent
riche, sans héritiers, croyant mettre un lingot dans
ce berceau chéri ! Sa marraine fut la sœur de mon
grand-père, la marquise de Tramecourt, qui avait
quatre-vingts ans. Elle vint au Jolimetz avec son
fils aîné et son petit-fils Victor qui, à peu près de
mon âge, devint tout de suite mon ami ; nous ne nous
séparâmes pas sans larmes et nous échangeâmes des
bagues que sa bonne grand'mère acheta à la foire de
Valenciennes. Cette alliance éphémère, comme notre
jeune âge, devait ne pas résister à l'éloignement où
nous vécûmes l'un de l'autre ; je ne revis Victor qu'à
l'âge de quinze ans, et il cherchait déjà à plaire à sa
charmante cousine Aline, qu'il épousa dans la suite.

L'année 1816 me donna mon frère Henri, qui
naquit délicat et fut difficile à élever. Sa marraine,
Mademoiselle Dervillers, était une vieille amie de
mon grand-père ; elle vivait dans notre intérieur et

épargnait à ma mère les soucis du ménage, la laissant ainsi aux soins de sa nombreuse famille. C'était une maîtresse femme que l'amie Dervillers, vive, alerte, voyant tout, faisant trembler les serviteurs, voire même les enfants, quoiqu'elle fût bonne pour nous. Elle avait une haute idée des égards qui étaient dus à notre famille, et quand on y manquait au Quesnoy, elle savait le dire, et bien haut; on trouvait cela tout simple alors. Comme les idées ont changé et comme l'amie Dervillers aurait actuellement le caquet rabattu par nos mœurs égalitaires! Elle mourut quelques années après; elle avait accompagné mon grand-père chez les Dauger à Menneval, c'est là qu'une péritonite l'enleva; elle y est enterrée. Son vieil ami la pleura, on craignit pour sa santé; quoique âgé, sa sensibilité était encore grande, et ma mère dut partir pour joindre ses soins à ceux de sa sœur, le consoler et le ramener. Ce voyage, fait en poste très vite, lui coûta une fausse couche; elle revint fort souffrante, et son père, alors dans l'inquiétude, y trouva une diversion utile à sa peine et sut se résigner.

Ma mère ne m'avait pas laissée chez Mademoiselle Midon ; au moment des troubles qui précédèrent Waterloo, tout son petit troupeau était groupé autour d'elle au Jolimetz. C'est là que je vis le simulacre du siège du Quesnoy par les Hollandais ; on lança quelques obus la nuit, la ville ouvrit ses portes aux alliés, qui d'ailleurs inondaient déjà le Nord de la France. Il y eut un moment bien dur à passer. Que de vexations commises par les Allemands, se rappelant nos troupes françaises victorieuses naguère chez eux et loin d'y avoir été sans reproche !

Les chefs des armées alliées, il faut le dire à leur louange, cherchaient à contenir le soldat, mais n'y parvenaient pas. Au Jolimetz, nous avions le cruel spectacle des paysans désolés, venant se plaindre après avoir vu piller leurs demeures, prendre leurs provisions, leurs bestiaux, et maltraités quand ils essayaient de s'y opposer. Ayant toujours eu le quartier général à loger, mes parents furent respectés et protégés par la présence des chefs. Ils eurent des Hollandais, des Brunswickois, un régiment de hussards de la mort, dont l'uniforme lugubre impressionnait. Il fallut nourrir un monde énorme jusqu'au moment où l'occupation étrangère, une fois établie régulièrement, cessa d'être une charge particulière. Nous eûmes alors pendant trois ans des Russes parfaitement disciplinés; mais quelles figures avaient leurs Cosaques au type tartare, exhalant une odeur nauséabonde à part, que par convention on avait appelée russe; sentir le Russe c'était compris et fui.... Ils étaient souvent punis de la bastonnade pour vols bien peu importants, mais les officiers étaient impitoyables et ils payaient cher, les pauvres gens, leur singulière passion pour les chandelles qu'ils dérobaient pour les manger avec délices.

Leur colonel, Joukoff, résidait au Quesnoy dans l'hôtel de mon grand-père. Toute la famille resta au Jolimetz tant que dura l'occupation étrangère. Ce colonel, fort peu aimable d'abord, s'était apprivoisé, était devenu l'ami de la maison, cherchait à rendre des petits services, offrant ses chevaux pour faire des corvées, envoyant sa musique, etc. Ces petits chevaux cosaques étaient excellents; attelés à une calèche, trois de front, celui du milieu était toujours un excellent trotteur; les deux autres, plus petits, galopaient; un cocher, à longue barbe, les animait par une conversation non interrompue avec ses bêtes, et vous emportait dans un tourbillon de poussière. C'était mon bonheur d'être conduite par les attelages du colonel Joukoff. Son départ fut un chagrin réciproque, car il regretta la France !

Dans les premiers mois de l'occupation, il y eut des fêtes superbes dans le pays qui amusèrent beaucoup ma mère. Valenciennes en eut une merveilleuse donnée par le duc de Wellington, le héros du jour. L'empereur de Russie invita à un bal, à Maubeuge, après une grande revue; il l'ouvrit, ainsi que le roi de Prusse, par une polonaise où figuraient le grand duc Nicolas qui devait lui succéder et ses autres frères Michel et Constantin; ce dernier avait un air rébarbatif qui effrayait les femmes, il était loin d'être beau et gracieux comme Alexandre et Nicolas, il avait le type tartare. Ma mère me racontait qu'ayant obtenu, par une faveur spéciale, d'assister ainsi que ma tante à un service religieux russe, le lendemain de la fête, l'air féroce avec lequel il les regarda, contrarié probablement de les y voir, la fit reculer si vivement qu'une lampe qu'elle n'avait pas vue l'inonda d'huile, et lui causa un embarras extrême : l'aventure était d'autant plus tragique que, comptant revenir la nuit et ayant cédé à d'aimables instances, son costume était d'emprunt.

J'ai encore en musique les mazurkas, les polonaises, les valses d'un rythme si original et si plein d'entrain que les orchestres militaires exécutaient dans ces bals, avec un ensemble et un talent remarquables. Il s'y joignait parfois des chœurs de soldats parfaitement exercés, et d'une originalité toute moscovite.

L'occupation étrangère fut la source de beaucoup de mariages, la petite ville du Quesnoy vit partir plusieurs de ses beautés. Quelques-uns furent heureux, mais il y eut d'amères déceptions: un menuisier, qui s'était trouvé très honoré de donner sa fille à un capitaine, n'en eut plus aucune nouvelle après le départ des Russes, et les démarches réitérées qu'on fit pour en avoir, n'aboutirent à rien; telle fut la douloureuse punition d'une ambition sottement placée.

Mes parents voyaient quelquefois un jeune colonel de naissance et de manières distinguées, qui se nommait Chekowski. Sa résidence était Landrecies; il ne s'y amusait pas, il aimait la société et la recherchait et jouait gros jeu quand il le pouvait. Quelques années après son retour dans sa patrie, il entra dans une vaste conspiration, où il trouva la fin la plus tragique. Les journaux nous apprirent qu'on lui avait fait grâce de la vie et qu'il avait été envoyé aux mines, après avoir eu les oreilles coupées. Pauvre victime des idées libérales que, comme tant d'autres, il était venu puiser en France !

Ma mère me parlait souvent d'un événement qui, vers cette époque, avait marqué dans son existence : sa présentation à la cour. Elle fit un voyage à Paris avec son père et son mari et fut reçue par Louis XVIII et Madame la Dauphine, alors duchesse d'Angoulême.

Ce fut la marquise de Croix. sa parente, qui la présenta le même jour, avec la duchesse de Gramont Caderousse, sa sœur, qui venait de se marier. Ma mère, qui avait tant désiré le retour des Bourbons, ressentit une religieuse émotion. Louis XVIII n'avait pas, comme son frère cadet, le don de plaire par lui-même, mais il représentait un grand principe : c'était le Roi, le sauveur de la patrie, presque l'envoyé de Dieu! Madame avait tant souffert, elle était entourée de la double auréole de la vertu et du malheur; ses grandes qualités royales faisaient oublier sa brusquerie, cette voix mâle qui étonnait mais ne désenchantait pas des cœurs qui s'étaient donnés depuis qu'ils se sentaient battre.

Je fus confirmée, en 1819, par Monseigneur de Belmas, ancien Évêque constitutionnel de Cambrai, homme du midi, d'un esprit vif et remarquable. Il cherchait à se faire pardonner une origine fâcheuse, en travaillant à tout réorganiser dans son diocèse où la révolution avait tant détruit. Elle se faisait cependant sentir parfois, et dans maintes circonstances politiques, le vieil homme reparaissait. Le libéralisme comptait sur lui dans les élections, au grand déplaisir du clergé ; les royalistes en souffraient en silence ; il était, comme Noë, couvert de leur bienveillant manteau. Je me rappelle sur son compte une aventure qui me frappa beaucoup, ma famille en ayant été péniblement impressionnée. Elle avait contribué à donner au sanctuaire un homme remarquable, l'abbé Bonce, n'ayant d'autre fortune qu'une piété angélique et de l'aptitude pour l'étude. On lui tendit une main secourable, et ce fut une grande consolation et récompense pour mes parents de le voir apprécié de l'évêque, qui le mit à la tête de son séminaire. Mon grand-père crut pouvoir, au moment d'une élection importante, le prier de faire quelques démarches en faveur d'un candidat recommandable ; l'abbé Bonce agit dans ce sens, quoiqu'avec la réserve qu'ordonnait une position délicate. Son évêque l'apprit et le cassa sur l'heure avec une rudesse qui terrifia la victime. Il arriva le jour même au Quesnoy, sans emploi, sans espérance d'en obtenir; sa disgrâce dura aussi longtemps que la vie du prélat. Jamais il ne permit les missions dans son diocèse, où, comme partout en France, elles pouvaient faire tant de bien; il craignait de voir le Jésuite sous le manteau du missionnaire, et une teinte de jansénisme qu'on lui prêtait, devait le lui faire abhorrer.

Je fis ma première communion l'année qui suivit ma confirmation, en 1820. J'allais assidûment au catéchisme que nous faisait le doyen du Quesnoy, Monsieur Tilmant, homme d'une grande vertu mais austère, et qui alors m'intimidait beaucoup. On m'avait placée la première des petites filles, à ma grande désolation, car il s'agissait pour l'honneur de la pension de conserver cette haute position, et il fallait apprendre plus que je n'aurais voulu. Ma toilette m'occupa beaucoup trop; ma pieuse mère s'en aperçut et en soupira; elle me remit pour l'offrande une pièce d'or, qui me donna la première révélation de supériorité sociale sur mes compagnes; c'était encore une petite vanité !... J'ai vu depuis la première communion se faire au Sacré-Cœur ; combien j'ai regretté de n'y avoir pas été pour cette grande époque de ma vie ! Tout, dans ces saintes maisons, est dirigé pour faire comprendre à l'enfant l'importance qu'il doit attacher à cet acte solennel : les quelques mois de préparation dont l'instruction religieuse n'est qu'une partie, la retraite absolue des derniers jours, et surtout l'exemple de la vertu pratiquée par les maîtresses qui, en l'enseignant, ont la mission de vous la montrer douce et aimable.

C'est une année après, en 1821, que mes parents jugèrent que la pension où j'étais, bien que sous la surveillance immédiate de ma mère, devenait pour moi tout à fait insuffisante, que j'y perdais mon temps, que mon caractère avait tout à gagner à un éloignement de quelques années. Ma tante, la comtesse Dauger, qui jusque-là avait fait aussi chez elle l'éducation de sa fille aînée, de mon âge, et ma grande amie, prit la même résolution. Adrienne fut mise au Sacré-Cœur de Paris, et moi à Amiens, qui était un peu moins loin, moins cher, et qui, à cause de Saint-Acheul, avait la préférence de beaucoup de parents ayant des fils. Quand j'appris cette décision, j'en fus atterrée; j'aimais tant ma famille; m'en trouver brusquement séparée, pour ne plus la voir que très rarement, me semblait une barbarie; il n'y avait pas de longues vacances alors, huit jours à peine, et il en fallait deux pour venir à Amiens avec ses chevaux, car il n'y avait pas de diligence sur cette route. Enfin pour me calmer, on me promit de venir me voir et on tint parole; mon père ou ma mère venait alternativement chaque année, et, avec une grande bonté, passait avec mon vieux grand-père, chez les Tramecourt en Artois, ses neveux, et d'excellents parents, les quelques jours de vacances qui m'étaient accordés. Je n'oublierai jamais Lignereuil Tramecourt, où ma jeunesse trouvait une si indulgente bonté, où j'étais si heureuse de retrouver les miens!

La première séparation fut affreuse, et j'en fus si remuée que je fis une maladie qui donna un moment de l'inquiétude. Les soins dont je fus l'objet, en me

montrant à quelles mains j'étais confiée, contri-
buèrent à m'habituer à mes nouvelles maîtresses,
dont l'habit religieux, que je n'avais jamais vu, m'en
imposait, et m'inspirait au début plus de respect que
d'affection. Mes habitudes assez indépendantes s'arran-
geaient mal de la discipline sévère de la maison;
cette obéissance passive surtout m'était antipathique;
la franchise de mon caractère se révoltait de cette
soumission sans réclame. Je finis par savoir obéir et
me taire comme il le fallait, mais jamais je ne pus
le faire, ainsi que les plus sages, avec une constante
bonne grâce. Je n'étais pas malheureuse; j'aurais
voulu, pour faire plaisir à ma mère, atteindre les
dignités qu'elle ambitionnait pour moi, mais le
ruban bleu ne m'a été donné que peu de temps avant
mon départ. Je chérissais quelques religieuses,
Madame Goldoni, ma maîtresse de classe, qui avait
la direction de la musique de la chapelle, était ma
préférée; elle avait une voix charmante; j'étais organiste, elle me prenait toujours pour l'accompagner,
ce qui nous mettait en fréquents et agréables rapports.

J’assistai à ses grands vœux; je pleurai amèrement sa liberté enchaînée, comme si c’eût été la mienne, et la perte que faisait son père d’une fille unique qu’il devait tant aimer !

Beaucoup de mes compagnes se firent religieuses. Madame Lenglet, la maîtresse générale, voyait facilement des vocations parmi nous; elle avait horreur du monde qu’elle ne connaissait pas, et, pour assurer le salut des enfants qui lui étaient confiées, elle leur montrait cette porte ouverte et les saintes joies de la vie religieuse. Les plus dociles à son appel étaient des privilégiées; je crois que l’amour que j’avais pour ma famille joint à celui de ma petite volonté, m’ont empêchée de me ranger sous sa bannière. . . . .

Dieu sait si j’eusse fait une bonne religieuse, je ne le crois pas. Dans le mariage, la femme a aussi, et bien souvent, à se soumettre, c’est son rôle, et il est utile d’y plier son caractère dès l’enfance ; mais il ne lui est pas interdit de dire son avis, d’utiliser le jugement que Dieu lui a donné, tout en sachant le sacrifier quand le devoir l'ordonne.

C'est au couvent que j'appris la mort de ma grand'-mère paternelle, la marquise de Nédonchel; je la connaissais peu, sa détestable santé lui faisait garder presque toujours la chambre; je me rappelle une femme très pâle, avec de beaux yeux bleus, très doux, d'un aspect distingué, qui me regardait avec une expression triste et angélique; elle ne supportait pas le bruit et était privée de la gaieté de ses petits-enfants. Je fus affligée pour mon père qui ne m'avait pas pour le consoler. C'est vers la même époque que j'appris la naissance de ma sœur Valentine; j'écrivis pour qu'on lui donnât le nom d'Aloysia que je trouvais joli, et qui était celui d'une dame du Sacré-Cœur, morte en odeur de sainteté; était-ce un pressentiment de sa vocation future?...

Dans mes impressions de cette époque, mes souvenirs se reportent sur la mort de Madame de L'Épine, mère de mes amies d'enfance, Adèle, Nathalie et Clémence. Cette dernière, que j'affectionnais plus que ses sœurs, fut au désespoir; combien je pleurai avec

elle et sur elle ! Sa mère était une femme d'un haut
mérite et d'une grande bonté, que des couches nombreuses avaient épuisée. Plus tard Clémence se fit
religieuse, comme sa sœur Nathalie, et j'ai toujours
pensé que ce vide immense qu'elle trouva au foyer
paternel, et qui répondait à celui de son cœur aimant,
avait contribué à lui faire sacrifier à Dieu les avantages brillants qu'elle en avait reçus : elle était jolie
de cette beauté angélique qui plaît à tous.

En 1824, mes parents mirent au couvent avec moi
ma sœur Georgine. Je cherchai à lui adoucir les
premiers moments que j'avais trouvés si pénibles ; ma
sœur, d'un tout autre caractère que le mien, se plia
vite aux habitudes réglées d'une maison religieuse ; elle
était très douce, un peu sérieuse ; l'obéissance passive
lui coûta peu, et lorsque je la quittai une année
après pour rentrer au foyer paternel, elle s'en consola
assez facilement ; mon zèle pour la faire étudier, les
répétitions que j'obtenais de lui donner, étaient peu
de son goût ; je la faisais sortir malgré elle de sa
quiétude et d'un farniente qui ne l'empêcha pas,

par la suite, d'avoir médailles et rubans de sagesse.

Je quittai en juin 1826, non sans pleurs et regrets, cette maison où j'avais passé quatre heureuses et surtout utiles années; je devais y terminer ma classe supérieure en septembre; mais ma mère, grosse de mon frère Léon et fort souffrante, crut que je lui serais utile pour les soins à donner à mon grand-père et à ses cadets. L'excellente supérieure, Madame Prevost, m'empêcha de demander à prolonger mon séjour de quelques mois que je croyais nécessaires pour achever mon éducation; c'était mieux peut-être, mais j'étais un peu sacrifiée. Je m'y soumis à regret; ma mère vint elle-même me chercher; elle m'acheta à Amiens quelques objets de toilette qui aidèrent à me consoler, quoique à vrai dire, en l'embrassant, je sentis que je l'étais déjà, et qu'il me serait facile de me dévouer à lui être utile.

Elle me traça à mon arrivée le règlement de mon temps; l'oisiveté n'y avait pas place : les matinées se partageaient entre les leçons données à mon frère Henri et à mes petites sœurs, et les soins que l'état d'infirmité de mon grand-père nécessitait; ma chère musique avait une heure que je trouvais courte et que je cherchais souvent à allonger, mais ma mère ne voulait pas que le reste de mes occupations utiles en souffrît. Après le dîner de deux heures, je travaillais dans le salon; on lisait les journaux tout haut quand nous étions en famille, chacun à son tour, à l'exception de mon père que *la Quotidienne* endormait. Ma mère dessinait, on parlait peu, la surdité de mon grand-père était un obstacle à la conversation; il fallait lui traduire, en élevant la voix, le moindre mot sans intérêt : « Donnez-moi du fil, prêtez-moi vos ciseaux, » étaient suivis du « qu'est-ce que vous dites » perpétuel, bien naturel chez un sourd qui tenait à être au courant de la conversation, un gros soupir nous le rappelait si nous y manquions. Comme mon grand-père était fort bon, et que je l'aimais de tout mon cœur, je m'exécutais de bonne grâce.

Ma vie était très sérieuse, mais très remplie, et je me trouvais certainement plus heureuse que la plupart des jeunes filles d'aujourd'hui, qu'au sortir du couvent on veut amuser, et toujours amuser sans y parvenir, précisément pour cela.

Tous les ans ma tante Dauger venait voir son père ; les deux ou trois mois qu'elle passait près de lui étaient pour moi les vacances ; sa fille aînée, Adrienne, l'accompagnait ; nous avions mille choses à nous dire, et puis nous riions de si bon cœur !...

C'est cette même année 1825 qui, le 17 octobre, me donna mon frère Léon. Le 16 était la Saint-Bertrand, fête de notre excellent parent, le comte de Normont. Chaque année nous passions à cette époque, quelques jours fort gais chez lui à Quiévrechain ; j'y allai seule avec mon grand-père ; la nouvelle de la naissance de mon frère vint nous y trouver, ma mère était loin de l'avoir désirée, ayant déjà une nombreuse famille ; à quarante-six ans, elle pouvait croire qu'elle avait rempli sa tâche ; très pieuse, elle sut se résigner. Elle me dit, quand je la revis, qu'elle craignait que cette naissance me fît de la peine, mais ce fut de bien bonne foi que je l'assurai du contraire ; j'y voyais une distraction, et je m'occupai effectivement beaucoup de ce jeune frère dans sa petite enfance ; il fut mis en nourrice chez la femme d'Alexis, alors valet de chambre de mon grand-père ; j'allais le voir chaque jour après la messe, et quand l'hiver nous allâmes au Quesnoy, ne pouvant continuer d'aussi fréquentes visites, j'en fus affligée et ne manquai pas les occasions d'y envoyer et de continuer mon rôle de protectrice.

Léon fut le dernier enfant de mes parents ; j'avais dix-sept ans et demi quand il vint au monde. Je n'ai jamais su bien au juste leur nombre ; je connaissais le nom de douze ; mon père était très fier d'en avoir eu seize ; ma mère, plus modeste, n'en avouait que quatorze : je crois que les enfants, morts en naissant, ou avant terme, augmentaient ce nombre de douze exact pour ceux baptisés.

De temps en temps mon grand-père priait quelques

personnes à demeure; mes cousins de Normont, le comte de Vassy, un vieux camarade de la gendarmerie, vieillard d'une exquise politesse, très recherché de propreté et de mise, et dont la galanterie de très bon goût m'amusait extrêmement; c'était comme un charmant écho du siècle de Louis XIV et de Louis XV; les Tramecourt, ses neveux, fils d'une sœur aînée, le comte Jules de Beaufort, les Wignacourt dont la sœur, Mlle Césarine, était liée avec ma mère; le comte François de Sainte-Aldegonde qui faisait ma joie par sa gaieté, son amabilité, sa mémoire ornée de tant d'anecdotes des cours où il avait vécu; il était veuf de Mlle de Tourzel qui lui avait laissé deux enfants : le comte Camille très doué d'avantages brillants, répandu dans le grand monde et qui lui causa de grands chagrins; joueur, il avait perdu toute sa fortune à venir. Malgré les bontés du roi Louis Philippe, alors duc d'Orléans, qui lui avait prêté de l'argent, il fut obligé de fuir en Amérique, puis il obtint un emploi à la cour de Russie. Il avait épousé la veuve du maréchal Augereau, ce qui faisait faire la grimace à son pauvre père.

La duchesse de Mortemart était également la fille de cet aimable comte François; il était souvent chez elle, ayant une très petite fortune, et aussi chez ses nombreux amis qui se le disputaient. Mon grand-père, à titre de parent, l'obtenait quelques jours chaque été. Très méthodique et réglé dans ses habitudes, il formait sur un calepin la distribution de son temps pour l'année suivante; en nous quittant, il ne manquait pas de nous dire : « A tel jour, l'année prochaine, si je vis encore. » Ma mère lui disait un jour : « Vivant dans un milieu opulent, cher cousin, vous devez souffrir parfois de la modicité de vos ressources. » Il fit la réponse d'un sage que je n'ai jamais oubliée : « Allons donc, si j'en étais tenté, je me mettrais à la fenêtre pendant quelques heures, et je suis à peu près sûr que je ne verrais passer personne dont je puisse raisonnablement envier la position, et je la refermerais en disant : « Merci, mon Dieu qui m'avez si bien traité ! »

Nous eûmes, un été, une visite qui m'amusa autant qu'elle déplut à ma mère. Mlle de Saint-Étienne, fille d'un guidon de la gendarmerie, et que mon grand-père avait connue autrefois à Lunéville, débarqua au Jolimetz, un beau matin, avec une femme de chambre et une petite chienne griffonne du nom de Zézette, heureuse de retrouver son cher baron, à qui elle avait fait une surprise, et croyant l'en voir se pâmer d'aise!.... Trop bon pour ne pas l'accueillir poliment, il fut, au bout de quelques jours, sérieusement inquiet de voir Saint-Étienne ayant l'air de s'établir pour le reste de sa vie, sous son toit hospitalier..... Zézette était odieuse, les enfants en avaient une peur affreuse; le sans-gêne de sa maîtresse agitait fort ma mère. Cette charmante personne de soixante-dix ans était vouée au bleu céleste, elle portait toujours une perruque à la Titus, blonde, frisée, sans bonnet, et quand elle sortait dans le parc, une casquette, posée crânement sur le côté, venait mettre le comble au ridicule de toute sa personne. Elle ne visait à rien moins qu'à faire la conquête de mon grand-père qu'elle voulait épouser. Ce ne fut pas petite affaire de l'en dissuader sans casser les vitres; mais quelque argent qu'il déboursa pour payer son voyage et quelques dettes, termina la galante et grotesque aventure.

Mon pauvre grand-père avait le style rafiné d'autrefois, tout émaillé de compliments quand il s'adressait aux femmes : ma belle dame pour commencer, le plus dévoué de vos adorateurs pour finir, n'en donne qu'une pâle idée. Il avait sur ce ton répondu aux épîtres intéressées de cette singulière personne ; elle avait cru retrouver un adorateur, et c'était un vieillard accablé d'infirmités, presque paralysé, cloué sur son fauteuil, qu'elle était venue chercher si loin.

Nous ne sûmes jamais ce qu'était devenu cet amusant météore.

Nous avions aussi, à peu près chaque année, la visite du marquis et de la marquise de Croix, soit au printemps, en allant à Franckwaret, belle terre qu'ils habitaient l'été, dans les environs de Namur, soit en retournant à Paris. Ces parents, fort riches et habitués à une grande recherche de cuisine, vantaient celle de Victoire, notre cordon bleu, demandaient ses recettes

et savaient être si aimables, que leur visite était un
grand agrément pour tous. Le marquis arrivait dans
sa berline de poste, plongé dans ses fourrures, quelque temps qu'il fit, et trouvait son appartement
chauffé quand la saison engageait à ouvrir ses fenêtres. Il avait été sénateur de l'Empire, et par cela
même se trouvait pair de France sous Charles X. Sa
femme était fille du vidame de Vassé, très ancienne
famille, dont elle et la Duchesse de Gramont
Caderousse étaient les dernières représentantes; elle
avait peu de fortune, mais son mari l'avait choisie
parce qu'elle était bonne et charmante.

Mes deux tantes, Emélie et Aldegonde, sœurs de
mon père et nièces de mon grand-père maternel,
venaient de temps en temps chez lui. Autant la
seconde, d'un esprit gai, agréable et bienveillant,
était accueillie avec joie dans notre intérieur, autant
nous redoutions sa sœur aînée qui, avec les meilleures intentions du monde, avait toujours des con-

seils à donner à ma mère, des critiques sur la tenue de sa maison organisée simplement, mais largement. Nous la trouvions plus agréable, et plus largement hospitalière que celle de son père à Tournai, qu'elle dirigeait sans contrôle. Ma mère, si indulgente, n'y blâmait rien, y trouvait tout bien et aurait désiré la réciprocité ; elle recevait néanmoins avec patience ce qui lui était présenté comme preuve d'intérêt, et répondait simplement : « Ah ! ma sœur, vous êtes toute à vos soins d'intérieur, et moi qui ai tant d'enfants, je suis d'abord à eux ; le temps me manque pour essayer de vous imiter. »

De temps en temps mes parents donnaient des dîners au voisinage, et aux quelques personnes qu'ils voyaient l'hiver au Quesnoy. Cette petite ville avait une société relativement assez nombreuse, et qui entourait ma famille d'une affectueuse et véritable considération. Elle avait un commandant de place, le vicomte de Beauregard, homme de qualité du Midi, qui avait épousé une femme qui n'était pas de son rang : Juive de naissance, elle s'était convertie à

Vérone pour avoir Louis XVIII pour parrain. Madame de Beauregard, fort belle, quoique louche, fort aimable, femme d'esprit, était une ressource ; on ne pouvait s'ennuyer avec elle ; elle racontait mille anecdotes qu'elle brodait avec un rare talent. Ma mère n'aimait pas son genre, et m'en faisait remarquer les inconvénients ; elle préférait avec raison les personnes solides, ayant sa manière de penser religieuse et politique, mais la vicomtesse amusait mon grand-père ; elle l'appelait « Mon Général ; » il lui disait « Ma belle dame, » et nous la voyions plus souvent que mon père et ma mère ne l'eussent désiré. Chaque année, pour le dimanche gras, elle organisait des déguisements pour une petite pièce dont elle était l'héroïne : c'était une surprise, à laquelle ma mère s'attendait, et qui finissait par un petit bal qui se trouvait tout préparé.

Je voyais très souvent une jeune orpheline recommandée à la bienveillance de ma famille par son père mourant, chevalier de Saint-Louis et maire du Quesnoy. Mademoiselle de Ribbe était reçue par elle,

comme si des liens de parenté avaient existé entre nous.
Elle avait une maison au Quesnoy qu'elle habitait avec
une domestique recommandable ; quand nous étions
au Jolimetz, elle venait y passer quelques jours de
temps en temps. J'étais beaucoup plus jeune qu'elle ;
elle ne fut pas pour moi une amie, mais je pris
cependant une part très vive à un affreux malheur
qui vint l'accabler. Un capitaine de hussards, en
garnison à Valenciennes, M. de Rosselange, l'avait
demandée en mariage ; elle avait une petite fortune,
n'était point belle ; il avait quelque chose et était
bien de sa personne ; c'était un bonheur inespéré ;
elle l'aimait beaucoup, tout était arrangé ; elle était
heureuse de l'avenir qui s'ouvrait devant elle ; sans
famille, sans appui naturel, il se trouvait fixé d'une
manière honorable. Un jour qu'il était venu la voir et
convenir de l'époque de leur mariage déjà annoncé et
affiché, son cheval, en regagnant Valenciennes,
s'emporte, le jette sur des pierres, il est tué sur le
coup !... Sa pauvre fiancée vit, par cet événement,
se rouvrir toutes les plaies de son cœur, elle se crut

vouée au malheur, et lorsque, quelques années après, elle épousa un commandant d'infanterie, Monsieur Boé, ce fut par raison et avec une tristesse navrante. Il l'emmena dans le Midi ; je ne la revis plus qu'une seule fois, elle venait vendre sa petite fortune, qui était en terres, pour en placer le produit dans son pays d'adoption.

Nous allions de temps en temps à Tournai voir mon grand-père, mon oncle et mes tantes. J'avais l'occasion d'y rencontrer des personnes d'un autre monde que celles qui, au Quesnoy, faisaient notre société habituelle, et sous ce rapport, ma mère appréciait pour moi ces petits séjours. Madame Adrien de Wignacourt qui avait des filles aimables et bien élevées, les Joigny, les Lannoy, les Béthune, les du Chastel de Bruyelle étaient les relations ordinaires de ma famille. On faisait souvent de la musique, je passais à bon marché pour une bonne pianiste, car alors on ne poussait pas aussi loin cet art, à beaucoup près, qu'on l'a fait depuis. Il y avait des soirées de jeu qui m'amusaient, étant généralement heureuse ; les quelques francs qu'elles mettaient dans ma petite bourse y faisaient fort bien ; la générosité de mon grand-père y ajoutait quelque chose à chaque voyage.

Je le perdis en 1827 ; il était bon, d'un caractère aimable et facile ; il avait beaucoup vu, contait bien ; l'entendre était un bonheur pour ses petits-enfants, qui le regrettèrent sincèrement. Il fut malade à peine deux jours. Mon père, appelé par exprès, bien qu'il partît immédiatement par la neige et le verglas, ne put lui fermer les yeux, ce qui augmenta sa douleur. On n'avait pas alors le télégraphe et les chemins de fer.

Nos visites à Tournai devinrent moins fréquentes après ce triste événement ; mon oncle et sa femme vivaient dans une grande retraite, occupés de bonnes œuvres et de pieuses pratiques ; elle ne fut pas modifiée par le retour du Sacré-Cœur de leur fille Joséphine, depuis marquise de Courtebourne, charmante et sympathique personne qui sut être heureuse dans cet intérieur sérieux : en admirant l'héroïque vertu des siens, elle l'imita, et eut le grand charme de savoir la rendre aimable. Plus jeune que moi de dix-huit mois, elle n'était pas revenue du Sacré-Cœur de Paris, à l'époque où j'eusse pu la voir plus souvent; je me serais certainement liée avec elle, comme je le fus avec ma cousine Adrienne.

Nous allions de temps en temps à Roisin, et la famille de Louvencourt venait aussi nous voir; nous étions à trois lieues. Sainte-Aldegonde en son nom, la marquise était notre parente; leur famille était nombreuse et agréable, les filles charmantes; les mauvais chemins qui nous séparaient rendaient difficiles des relations suivies, je le regrettais : Aglaé et Adolphine me plaisaient; leur vie à Roisin était plus sérieuse que la mienne. Leur père n'était pas commode; leurs frères fuyaient tant qu'ils pouvaient le toit paternel, cherchant, de par le monde, des héritières. L'aîné en trouva une, mais non le bonheur; elle vint à Roisin l'année de son mariage et y montra les caprices d'une enfant gâtée, qui ne se donnait pas la peine de cacher au public ses petits défauts; elle recevait fort mal les conseils de son mari et de ses beaux-parents, c'était un vrai fagot d'épines, et son mari fut heureux que ce petit magot d'or se soit, dans la suite, contenté de le faire enrager en restant honnête femme.

Pour en revenir au marquis, il était avare à sa manière, dotant convenablement ses enfants, mais ayant une maison peu en rapport avec sa grande fortune, refusant à sa femme l'argent pour son ménage, l'arrangement d'une chambre, un peintre, un tapissier ; elle et ses filles s'ingéniaient à les remplacer, elles collaient du papier dans leurs mansardes, peignaient les bancs du jardin, faisaient leurs robes et leurs coiffures avec goût ; puis un beau jour, il donnait de l'argent pour aller passer trois mois à Paris ; il gardait le logis, et ces dames, très répandues, s'amusaient énormément pour le reste de l'année. Au retour, elles me racontaient leurs plaisirs, me prêtaient des modèles de toilettes, et rentraient à Roisin dans une simplicité complète. Le seul luxe de la maison était un domestique de six pieds, affublé en chasseur, galonné et empanaché, qui paraissait être tombé du ciel dans ce castel, où tout était mesquin. Mme de Louvencourt était très distinguée, d'une politesse et d'une affabilité un peu banales, mais qui lui gagnaient les cœurs ; c'était une femme de mérite, très occupée de sa nombreuse famille, et supportant avec vertu un mari qui la traitait en petite fille, et ne la consultait en rien, bien qu'elle eût apporté la grande fortune du ménage.

Nous voyions, plus souvent encore, la famille de l'Epine, habitant comme nous le Quesnoy l'hiver, et Wargnies l'été. Adèle, la fille aînée, tenait le ménage de son père avec beaucoup d'entendement, et sa maison avec tact et esprit ; elle me paraissait heureuse de se consacrer à lui être utile en remplaçant une mère dont le culte remplissait son cœur.... Un jour, son père lui proposa un mari, ancien élève de Saint-Acheul, fort brave garçon, assurément, mais d'un physique peu agréable : lourd, épais d'esprit et de corps, une tête, des mains, des pieds énormes ! Pour cette jeune personne si mignonne, le contraste était par trop complet. Le parti était convenable, M. de L'Epine, très entier, pesa plus que de raison, peut-être, sur la détermination de sa fille. Il désirait obtenir la main de ma tante, et il croyait, en plaçant son aînée, écarter un obstacle. Adèle prit son parti avec peine, et non sans larmes; le mariage se fit à Wargnies; sa sœur Clémence, mon amie, y vint; elle demandait à rester au couvent, elle y voyait tout en beau comme son âme ardente, un peu exaltée, et le mariage semblait pour elle être personnifié dans ce beau-frère peu sympathique. Ma mère joignit ses instances aux miennes pour la conjurer d'attendre et de réfléchir davantage, avant de prendre une détermination si grave : elle avait été l'amie de sa mère, son âge et son expérience donnaient à ses conseils un poids qui manquait à ceux de mon amitié. Ce parti nous paraissait au moins bien prématuré, elle n'avait pas dix-sept ans.... Son père consentit cependant, et fut blâmé par le monde, non sans motifs; on l'accusa à tort d'avoir influencé sa fille, cela n'était pas; il n'eut pas la prudence de combattre une résolution dont, dans le fond, il n'était peut-être pas fâché : voilà en quoi seulement on peut l'accuser d'avoir manqué à son devoir de père.

Ma tante Aldegonde, après la mort de son père, épousa en 1828 M. de l'Épine, mariage peu approuvé par ma famille ; il avait six enfants dont elle acceptait la charge ; à quarante-neuf ans, elle pouvait en mesurer l'étendue ; mais chose étonnante, et bien réelle cependant, ce fut l'affection qu'elle avait pour M. de l'Épine, je n'oserai dire l'amour, qui la décida. Cette cour m'amusa beaucoup ; ma bonne et aimable tante me paraissait si vieille pour répondre aux yeux doux d'un futur fort bien conservé pour ses cinquante ans..... Mon grand-père aimait sa nièce, il était son parrain ; quand il la vit inébranlable dans sa résolution, il lui offrit de faire la noce chez lui au Jolimetz. M. de l'Épine était domicilié et maire au Quesnoy, cela surmontait une difficulté pénible pour ma tante qui ne pouvait se marier à Tournai, son frère et sa sœur chez qui elle habitait s'y opposant autant qu'ils le pouvaient, ils lui gardèrent même rigueur long-temps. La noce malgré tout fut gaie ; la mariée, dont les cheveux neigeux étaient couverts par les fleurs d'orangers, était vêtue de blanc. Beaucoup d'amis étaient conviés, on dansa, et une excellente mère était conquise à cette famille qui l'entoura toujours de reconnaissance et d'égards. Dès ce moment, mes parents la virent souvent, quand ma tante n'était pas à Paris avec son mari, membre de la Chambre des députés, jusqu'à la catastrophe de 1830. La même manière de penser en religion et en politique entretint entre nous une union qui faisait le charme de cette intimité, qui continua la génération suivante.

En 1827, M. Delacoste, que Dieu me destinait pour le compagnon de ma vie, revint à Sebourg de sa garnison de Thionville, rappelé par sa famille qui venait de faire une perte cruelle. Son jeune frère, sortant des pages de Charles X, était depuis peu dans un régiment de chasseurs à Saintes ; il y fit une chute de cheval, qu'on ne crut pas grave d'abord, mais dont les suites furent affreuses, ayant amené le tétanos ; ce pauvre jeune homme mourut, sans qu'aucun des siens put arriver pour le soigner, ni même lui fermer les yeux. On n'avait pas de chemins de fer alors et les voyages, en cette saison, étaient longs et hérissés de difficultés. Le fils qui restait aux malheureux parents, vint leur apporter, par sa présence, les seules consolations qu'ils pussent goûter.

On pleurait dans ce même moment la mort de mon grand-père, le marquis, et les deux maisons, liées depuis longtemps, se virent souvent malgré leur grand deuil, plutôt même à cause de cela. C'est dans ce moment de triste souvenance, que je revis Adolphe que j'avais connu étant petite fille, dont lui, déjà un personnage alors, s'occupait fort peu. Il n'en fut plus de même. Cette circonstance de deuil, éloignant les étrangers, nous mit en rapports plus intimes ; nous causâmes de son frère, pendant que nos parents s'entretenaient du même sujet ; je témoignai une sympathie qui n'était pas jouée, ayant connu ce pauvre Gustave, et nous prîmes l'habitude de causeries qui n'étaient pas sans attrait pour l'un comme pour l'autre. Il m'a dit souvent que c'est de cette époque que dataient ses premières vues sur moi, encouragées dès le début par sa mère ; son père, ne me trouvant pas assez riche, l'engagea à ne rien précipiter et il retourna à sa garnison. Ma mère ne manqua pas de me dire que ses parents cherchaient pour lui certainement quelque parti brillant, étant destiné à avoir une belle position ; elle avait remarqué son assiduité près de moi, et sa sagesse maternelle aurait voulu que je n'y attachasse pas d'importance. Je le compris, mais gardai, dans le fond du cœur, un sentiment qui, malgré moi, l'occupait plus qu'elle ne le croyait ; les jeunes filles ont une adresse merveilleuse pour distinguer un compliment banal, des expressions venant du cœur. J'avais lu dans celui qui devait être à moi, malgré une réserve d'autant plus grande de mon côté, que ma mère m'avait souvent prévenue, depuis mon retour du couvent, que je n'étais probablement pas destinée au mariage, vivant à une époque où il fallait une grosse dot pour trouver un mari ; que le temps était passé où une fille de qualité était

recherchée pour sa naissance et ses qualités person-
nelles. Ma tante Dauger trouvait sage d'en dire
autant à Adrienne, et toutes deux nous nous étions
promis d'abriter, par la suite, notre célibat forcé
sous le même toit, et c'était le plus gaiement du
monde que nous faisions nos châteaux en Espagne
pour la fin de nos jours; ceux de notre jeunesse nous
paraissaient devoir s'écouler assez doucement au
milieu d'une famille nombreuse et aimée.

L'année suivante, en 1828, Adolphe obtint un se-
mestre et n'attendit pas que ses parents vinssent au
Jolimetz pour y faire sa visite; il m'aborda avec
expansion, me trouva froide, ce qui était la conséquence des réflexions de ma mère; elle l'engagea à
revenir cependant, et la sienne lui fit comprendre
que ma prétendue froideur n'était que la réserve
d'une fille bien élevée, qui ne cherche pas à faire des
conquêtes. On commençait à parler dans le public
de ses visites; il prit le parti d'ouvrir son cœur à
mon vieux parent, le comte de Normont, et de lui
demander les conseils de l'expérience et de l'amitié.

Celui-ci trouva chez le marquis Delacoste moins de bonne volonté que chez sa femme ; la question de dot lui tenait au cœur ; on ignorait celle que pourraient me faire mes parents. Enfin, mes vieux cousins, sans le communiquer à leur protégé, qu'ils voyaient peu occupé de la bourse de celle qu'il avait choisie, écrivirent à ma mère que cet attachement les touchait ; qu'ils me donneraient après eux la terre d'Hulplanche, et qu'ils pensaient que toute la famille verrait ainsi, dans l'établissement de la fille aînée, une preuve de leur intérêt et de leur affection. Jamais je ne lisais les lettres de ma mère, elle ne me les communiquait pas ; ce jour-là elle attendait une réponse de M. de Normont à une invitation qu'elle lui avait faite ; occupée à écrire pour le courrier du jour, elle me dit d'ouvrir cette enveloppe qui contenait mon sort !... Je fus vivement touchée de cette affection désintéressée dont j'étais l'objet, de celle aussi que me portait cet excellent vieillard.... Très émue, je me jetai dans les bras de ma mère, et je vis de suite qu'elle regrettait son imprudence, et que ce projet n'était pas complètement de son goût. Je ne me l'expliquai pas d'abord, mais chose singulière, ma famille aurait préféré que ce parent éloigné vînt promettre à leur fils aîné, qui devait être chef de famille et porter leur nom, la totalité d'une fortune sur laquelle ils ne pouvaient compter ; on avait fait Louis filleul de M. de Normont dans ce but ; il avait promis qu'il lui donnerait sa belle terre de Dourlers, et cette maladresse de vouloir diriger à leur gré cette nouvelle générosité, blessa profondément les deux cousins, et nuisit à mon frère dans l'avenir. Mon père vit, après quelques tentatives inutiles, que Messieurs de Normont tenaient à leur idée, qu'ils étaient très refroidis pour eux. J'étais très peinée de ce conflit ; ma tante Emélie trouvait que j'avais presque un mauvais procédé pour ma famille, en faisant un bon mariage qui avait son approbation, et me laissait près de ceux que j'aimais. Elle déclara que, puisqu'on me faisait riche, elle me déshériterait ; elle en était libre et l'a prouvé, mais Messieurs de Normont l'étaient aussi et tinrent bon, précisément parce qu'Adolphe se montrait désintéressé.

Tout cet imbroglio fut fort long à démêler, et la constance de mon futur mise à l'épreuve ne se démentit pas. Il était en garnison à Valenciennes ; je le voyais souvent, plus souvent que ne l'aurait voulu ma mère, et notre attachement semblait croître par les obstacles. Notre contrat ne fut pas chose facile à faire, nos intérêts furent laborieusement débattus, et destinés à avoir une belle fortune, nous nous mariâmes, riches surtout en espérances, mais nous étions jeunes, nous nous aimions, et le reste nous importait peu.

C'est le 2 mars 1829 que ce grand événement dans ma vie eut lieu, au Quesnoy, entourés de nombreux parents : Dauger, Tramecourt, Normont, et d'amis qui remplissaient l'hôtel de famille, celui de M. de l'Epine, et des petites maisons prêtées et arrangées pour la circonstance. C'est mon vieux grand-père, âgé de quatre-vingt-dix ans, qui me conduisit à l'autel, en habit de lieutenant-général, avec son cordon rouge, en culotte courte, hélas ! J'étais honteuse de ses grosses jambes enflées, et lui fort fier,

à son âge, de porter encore une fois son uniforme.
Il fut d'une bonté parfaite pour moi ; tout ce monde
ne parut pas le fatiguer ; c'était le lundi gras, on
dansa et aussi le lendemain chez ma tante. Mon frère
Léon parut habillé en garçon pour la première fois ;
on fit force vers, c'était encore la mode alors, on les
chantait et cela mettait de la gaieté ; ils étaient plus
ou moins bons, mais l'indulgence était assurée à
l'expression plus ou moins heureuse des sentiments
du cœur. Mon père et ma mère furent affectueux
pour leur fille, et oublièrent, en ce moment, la déception que leur avait causée la générosité de leur
vieux cousin en sa faveur : celui-ci me fit cadeau
d'un mouchoir de poche, chef-d'œuvre de broderie,
qui renfermait, liée avec une faveur, une somme de
1200 francs en or, destinée à me donner une fantaisie.
Ma tante Emélie prit un prétexte pour ne pas assister
à la cérémonie, où elle ne fut pas regrettée. Elle dit à
ma mère qu'elle saurait prouver que Messieurs de
Normont n'étaient pas nécessaires pour marier Mes-
demoiselles de Nédonchel, et s'occupa très active-

ment de l'établissement de ma charmante cousine, Joséphine, qui épousa, quelque temps après, le marquis de Courtebourne, excellent gentilhomme et galant homme, mais qui avait le double de son âge, et des beaux-parents très difficiles, avec lesquels elle devait vivre ; la douceur, la vertu de ma cousine étaient bien au niveau de pareille tâche, et elle trouva le bonheur et le donna autour d'elle. N'est-il pas en nous d'abord, et ne peut-on trouver le calme et la paix, où d'autres, moins vertueux, récoltent les orages et les tempêtes ?

Monsieur de Courtebourne fut excellent pour sa jeune femme, qui l'aima tout aussi tendrement que si elle l'eût épousé d'inclination, et elle aura certainement béni, pendant son heureuse union, ceux qui y avaient contribué.

DEUXIÈME PARTIE

Nous restâmes au Quesnoy, en famille, les jours qui suivirent notre mariage; les invités s'éloignèrent petit à petit; mes parents donnèrent quelques dîners à nos connaissances, puis le calme habituel se fit autour de nous; ils avaient été invités par mon beau-frère et ma belle-sœur de Robersart à nous accompagner chez eux à Mons; ma mère ne pouvant quitter mon grand-père, c'est avec mon père que nous fîmes cette première visite dans ma nouvelle famille, où je fus accueillie avec beaucoup de bienveillance et de cordialité. Mons était brillant alors : une nombreuse noblesse, généralement riche, l'habitait les hivers; on nous donna de grands dîners, des soirées, le carême inter-

disant les bals, mais ces réunions étaient très élé-
gantes et gaies. La mère de mon beau-frère, malgré
ses quatre-vingt-quatorze ans, recevait tous les soirs
quand il n'y avait pas d'autres réunions. Elle aimait
le monde, et savait l'attirer chez elle; on y jouait si
on voulait, on causait, elle était aimable et mettait
chacun à son aise. Ses jambes lui refusaient le service, mais de son fauteuil, son œil vif encore suivait
avec bienveillance chaque arrivant, pour lui indiquer
ses connaissances et le placer agréablement; elle
savait plaire, attirer et contenter tout le monde, aussi
ce salon n'avait pas son pareil à Mons, et toute la
Belgique en connaissait l'hospitalité proverbiale.
Cette aimable femme a vécu cent ans moins quelques
jours, et sa place est restée vide; c'était un de ces
types d'autrefois, à peu près perdu de nos jours. Son
fils, ses filles, Mesdames de Leuze et Obert avaient
pour leur mère une déférence touchante; elle savait
garder son autorité d'une manière étonnante, dans
tous les plus petits détails; elle envoyait l'un d'eux
faire des frais de conversation avec une personne

isolée dans son salon, comme s'il eût eu vingt ans, et l'obéissance était toujours immédiate.

Je n'avais pu obtenir que ma sœur Georgine sortît du Sacré-Cœur pour assister à mon mariage, nous lui fîmes une visite à Amiens au mois de mai suivant. Ce voyage m'avait été promis, nous devions en même temps faire un petit séjour à Paris, que je n'avais vu qu'avec des yeux d'enfant, et de là en Normandie, chez nos bons parents Dauger. J'étais enchantée, ayant jusque-là mené une vie uniquement d'intérieur, restreinte à un fort petit cercle ; je posais le pied sur une terre nouvelle où j'apportais les illusions de la jeunesse, et où je trouvais à chaque pas des surprises. Adolphe jouissait de ma joie et ce séjour à Paris fut un de nos meilleurs souvenirs. Il désira me conduire au spectacle, crut le choisir bon et m'en vit si scandalisée, qu'il apprécia mieux qu'il ne l'avait fait encore, ce qu'avait été mon éducation ; pour ne pas me quitter, il y renonça pour lui-même, et jamais il ne me conduisit, à l'avenir, qu'à l'Opéra ou aux Italiens ; étant par goût antipathique à la musique, il eut bien quelque mérite.

Mon séjour à Menneval ne fut que de quinze jours. Je commençais une grossesse, j'étais souffrante, ma mère trouvait prudent que je revinsse. Je pleurai en quittant Adrienne que j'aimais tant; nos réunions à l'avenir étaient, nous le sentions, subordonnées à l'existence de mon grand-père.

En revenant de notre voyage, nous nous installâmes à Sebourg, chez mes beaux-parents. Nous y avions été reçus en grande pompe, peu après notre mariage, par les habitants qui avaient voulu témoigner leur attachement à mon beau-père, leur maire, toujours occupé à leur rendre service. Toute la jeunesse à cheval était venue nous chercher à Curgies; nous trouvâmes les jeunes filles un peu plus loin, des arcs de triomphe, des compliments, des souhaits de bonheur et de bienvenue; une foule nombreuse et sympathique nous accompagna jusqu'au château, où la musique du 4ᵉ hussards et quelques camarades d'Adolphe, ainsi que le voisinage, nous attendaient; tout cela venait du cœur, était empreint de cordialité; c'est aussi du fond du cœur que nous avions répondu à ces marques d'attachement de ceux près desquels nous étions destinés à vivre et à mourir.

En partant pour la Normandie, Adolphe avait remis à M. de Mersemann, son colonel, sa démission; à notre retour, nous pensions qu'elle était acceptée depuis longtemps, lorsque ce brave homme lui dit sérieusement qu'il n'en était rien, et qu'il se préparât à commencer sa semaine. Cet excellent colonel, vieilli sous le harnais militaire, ne voyait rien de mieux que son état; il espérait qu'une promesse faite avant le mariage, pouvait être annulée par moi, en voyant combien les camarades de mon mari tenaient à le conserver parmi eux. Il alla chercher la démission dans le fond de sa sabretache, et nous parla sérieusement et paternellement des inconvénients d'une vie à la campagne, inoccupée nécessairement, pour un jeune homme ayant encore ses parents et, par conséquent, pas de fortune à gérer et à améliorer; il mettait en parallèle cette camaraderie militaire qu'il savait appréciée par Adolphe, nomma ses bons amis,

le major de Serréville, MM. de Talnay, de Brucq,
Duquesne, Royer, Coustis, de Saint-Remy surtout,
l'ami préféré ; il eut l'éloquence du cœur mise au
service de la vérité. Je le crois maintenant, le bon colonel n'avait pas tort ; plus que nous, il possédait
l'expérience de la vie, et sa connaissance du caractère du jeune homme, auquel il prenait intérêt, l'é-
clairait sur les conséquences d'une décision, qu'il ne
m'a jamais avoué avoir regrettée, mais quand j'ai vu,
par la suite, sa santé s'altérer, des nuages de tristesse
assombrir ses traits, j'ai pensé bien des fois que le
colonel de Mersemann s'était montré notre ami. Il fit
néanmoins partir la démission en soupirant et, quand
elle fut acceptée, nous donna un charmant et amical
dîner d'adieu.

Nous revîmes souvent les officiers du 4me hussards,
ce premier été que nous passâmes à Sebourg. Mes
beaux-parents les invitaient et les recevaient avec cordialité ; ils quittèrent Valenciennes pour aller à Pon-
tivy. Quel éloignement et quelle garnison !... Si
j'avais dû y aller avec une enfant alors, cela m'eût

paru bien dur, les chemins de fer et leur confort n'existaient pas ; nous crûmes pouvoir nous applaudir du parti pris.

Mon beau-père s'occupa activement de nous arranger son petit château d'Odomez, destiné à devenir notre résidence. Il m'y conduisit. C'était entouré alors de très mauvais chemins, dans de grands bois qui lui appartenaient, défrichés depuis. Il y avait une jolie vue d'un côté sur la navigation de l'Escaut, ce qui donnait un peu de vie ; mes beaux-parents nous firent valoir ce que serait ce castel bien arrangé. Adolphe, qui connaissait son père, me dit de ne pas me flatter qu'il le fût jamais, afin que je n'eusse pas de déception dans la suite. Il y allait souvent avec lui, il se croyait excellent architecte, et jamais il ne demanda à son fils son goût pour une distribution ou un arrangement. Il y mettait plus de formes avec moi, mais dans le fond tout se bornait à quelques phrases affectueuses, d'une politesse recherchée :

mon crédit n'allait pas plus loin. Il ne voulait pas être entraîné à des dépenses que sa fortune cependant lui permettait, et cette économie, il faut le dire, qu'il pratiqua toujours pour lui-même, mais qui présida à l'arrangement d'une vieille maison, nous mit, nous qui n'étions pas richement dotés, dans une grande gêne les premières années de notre mariage. Nous dûmes refaire petit à petit ce qui l'avait été mal, et renoncer d'une manière absolue à tout ce qui était confortable ou plaisir. Mon pauvre mari revenait navré, chaque fois qu'il accompagnait son père à Odomez, et celui-ci taxait indirectement son fils d'ingratitude, de ne pas s'extasier sur une générosité illusoire. Il n'était pas commode, mon cher beau-père! plein de formes, de courtoisie, il en voulait chez les autres; son fils, très sincère, très droit, ne pouvait se plier à d'innocentes petites faussetés qui, avec lui, eussent été de la politique, car si l'on parvenait à lui faire desserrer les cordons de sa bourse, c'était en vantant sa bonté, sa générosité, etc. Ma belle-mère intervenait toujours à propos, avec une adresse merveilleuse, pour empêcher les cartes de se brouiller, mais la situation était assez tendue pour ne pas être agréable, et ce premier été passé à Sebourg ne fut pas sans épines.

Cette extrême droiture de mon mari me plaisait ; toute sa vie, je ne la vis jamais se démentir, aussi j'avais toute confiance en ce cœur loyal qui n'a jamais essayé de tromper personne, et quand il l'a été lui-même, il ne s'en apercevait que lorsque c'était clair et évident, comme si le manque de loyauté était chose rare en ce monde !

Une autre épine, très sensible pour moi à cette époque, fut le peu de sympathie de mon mari pour ma mère, et réciproquement ; j'étais souvent, par suite, dans une position difficile ; mon excellente mère était un peu dominante ; habituée à conduire sa nombreuse famille, elle voulait voir dans son gendre un enfant de plus ; Adolphe, jaloux de son influence légitime sur sa femme, exigeait que ses avis primas-sent ceux de ma mère, de là de déplorables conflits dont j'étais victime.... Je pris alors la résolution prématurée, que je crois avoir tenue dans la suite, d'abandonner mes droits sur les enfants que je pourrais avoir un jour, quand je les marierais. Ma pauvre mère si bonne, croyait cependant bien faire, agir dans notre intérêt; elle s'est trompée, et je n'eus jamais le bonheur, que j'ai tant demandé à Dieu, de voir Adolphe rendre justice à ses grandes vertus, à cause de ce petit travers.

Nous nous établîmes au Quesnoy chez mon grand-père, pour passer l'hiver qui suivit notre mariage; je m'en faisais grande fête; j'espérais que ma bonne mère et mon mari, se connaissant mieux, s'apprécieraient; j'étais décidée à y mettre tant du mien! Ma sœur Georgine était revenue du couvent, ce qui, pour moi, augmentait agréablement notre intérieur.

Le 18 décembre, j'accouchai de ma fille Marie, dans cette même chambre où j'avais vu le jour; ma mère me montra, une fois de plus, sa tendresse dans ce moment de terribles souffrances. Malheureusement, je n'eus pas un fils si désiré par mes beaux-parents. Je savais qu'Adolphe personnellement ne sentait pas vivement cette déception ; c'était pour moi une consolation, puis j'espérais dans l'avenir, et je ne savais pas qu'il ne me serait pas donné de voir ce vœu légitime de mon beau-père comblé ! Ne pas voir son nom se perpétuer est un chagrin pour un chef d'ancienne famille. Je lui ai su gré de ne me l'avoir pas témoigné comme, je crois, il le sentait : c'était une preuve qu'il m'aimait et comprenait que je partageais cette peine.

Je nourris ma chère petite fille qui, forte et pleine de vie, n'avait pas de sommeil. L'hiver était très rigoureux, je fus très longtemps à me remettre ; je voyais qu'on s'inquiétait de mon état. On appela en consultation M. Dolez, le docteur de Landrecies, qui passait pour la lumière du pays. Il blâma M. Legrain qui me traitait, et commença par me saigner, ce que je ne pus comprendre. Je fus toute languissante pendant six ou sept mois, et quand je sevrai Marie, nous nous en trouvâmes bien toutes les deux.

L'été suivant se passa encore à Sebourg, attendant avec impatience qu'Odomez pût nous recevoir. Adolphe s'occupait d'organiser notre ameublement, il me consultait beaucoup, et nous nous trouvions toujours du même avis. Ma mère, qui avait eu les idées un peu rétrécies par une jeunesse pauvrement passée en émigration, trouvait nos acquisitions luxueuses, quand elles étaient à peine convenables. Mon beau-père et ma belle-mère les approuvaient ordinairement, mais nous n'étions aidés ni d'un côté ni de l'autre, et ce fut une opération laborieuse, loin d'être achevée, quand, au mois d'octobre, nous pûmes prendre possession de notre petit chez nous. Nous avions l'essentiel, le reste vint petit à petit. Nous eûmes grand'peine à nous préserver du froid dans ce vieux castel, dont les fermetures laissaient à désirer ; mais on n'avait pas alors le confort actuel, et nous étions comme tant d'autres, disait, non sans justesse, mon beau-père. Nous ne nous désolions pas, à coup sûr, et ce *home*, où nous régnions en maîtres sur quelques rares sujets, n'était pas sans charme : les sourires de notre enfant en étaient la joie. Oh! la jeunesse et le cœur colorent tout, et quand les cheveux ont blanchi, on se reprend à revenir volontiers sur les

années où l'on possédait cette vraie richesse de la vie.
On le fait rarement, néanmoins, sans se dire : « Il
aurait été mieux, ou plus avantageux, de faire ceci, ou
cela, » parce qu'on a acquis l'expérience, et puis,
parce qu'on connaît cet avenir caché que la Providence n'a pas voulu montrer à l'homme ; voilà
pourquoi la vieillesse est naturellement un peu gron-
deuse, elle voudrait faire profiter de son savoir, de ses
impuissants regrets, ceux qui entrent dans la vie sous
ses auspices.... Mais elle aspire à l'impossible, chacun
doit faire pour soi seul, en ce monde, son expérience
propre. Les conseils qui profitent davantage à ceux
que nous aimons, sont les plus gazés, afin que leur
forme vague ne laisse pas apercevoir le fond.... La
sagesse est une personne si importune, parfois respectée par les âmes droites, mais aimée seulement,
en général, à condition de faire sourire ses traits
austères.

Notre vie était sérieuse, pour Adolphe surtout ; les

femmes, dont l'éducation a été dirigée sagement pour la vie d'intérieur, ont mille moyens d'employer et d'utiliser leur temps : il passe sans ennui, la vie étant remplie par les devoirs maternels, la direction de la maison qui, ordinairement, leur est confiée ; le travail des mains, la culture de l'esprit par la lecture, celle des arts d'agrément, etc., etc. L'homme, appelé à un horizon plus étendu, trouve rarement à employer ses facultés autour de lui quand il a renoncé à la vie publique. Il a besoin de plus de distractions extérieures, et Adolphe, qui m'aimait beaucoup, n'appréciait que celles que je pouvais partager avec lui.

J'aurais voulu qu'il allât davantage à Mons, chez sa sœur, qui lui avait procuré autour d'elle d'agréables relations, et je ne pouvais pas l'y trop pousser, sentant qu'il s'en serait blessé.

Chaque hiver, nous passions environ six semaines au Quesnoy dans ma famille, où la vie était plus variée qu'à la campagne ; quelques séjours à Sebourg coupaient notre temps. Nous allions dîner de temps en temps, soit à Valenciennes, soit à Quiévrechain, chez notre excellent parent, le comte de Normont, qui acceptait aussi notre modeste hospitalité. Notre fortune si restreinte ne nous permettait ni voyages, ni séjour en ville.

Des amis du Quesnoy louèrent, dans notre voisinage, le petit château de Forêt. Monsieur et Madame de Vendegies étaient des gens excellents qui furent pendant quelques années pour nous une véritable ressource. Leur fortune était modeste et nos habitudes en rapport. Notre voisin était un excellent joueur de trictrac qui nous donnait des conseils pour nous perfectionner dans les finesses de ce jeu, très apprécié alors. Je l'avais appris très imparfaitement pour distraire mon bon grand-père; Adolphe s'en amusait aussi; M. de Vendegies nous gagnait presque toujours, et nous payions ainsi notre éducation fort gaiement. Sa pauvre femme fit, quelques années plus tard, une chute malheureuse dans un petit escalier de leur castel; le col du fémur fut cassé; mal remis d'abord, il en résulta pour elle de grandes et longues souffrances. Notre amitié fut une de ses ressources sur son lit de douleur que nous visitions fidèlement. Elle s'en releva estropiée, pour prendre des béquilles jusqu'à sa mort. Cet accident les détermina à aller vivre à Valenciennes, où les ressources nécessaires dans une position aussi triste, se trouvaient plus facilement. Je me rappelle que cet excellent ménage avait pour tout moyen de locomotion, une vieille jument grise appelée Fanchon, du caractère le plus entêté et le plus lunatique ; elle avait pris notre écurie en gré, et chaque fois que son maître passait au bout de notre avenue pour aller à Valenciennes, elle s'y opposait énergiquement ; de guerre lasse, il se résignait à venir à notre porte où notre cocher mettait fin à ses velléités d'indépendance. Fanchon, mise à la raison, partait l'oreille basé, mais recommençait à la première occasion. Foret ne fut par la suite pour nous que d'une ressource momentanée. Les Charles Ewbank l'habitèrent plus tard, assez pour nous laisser des regrets. Cette habitation avait été vendue à cette famille par ma belle-mère qui avait conservé les terres de rapport qui l'avoisinaient ; elley retournait volontiers : c'était là qu'elle avait été marié, le 20 novembre 1798, dans le salon de sa grand'mère arrangée en chapelle.

Orpheline, elle avait été élevée sous son aile, et traversa la terrible tourmente révolutionnaire dans ce vieux manoir, alors au milieu des bois, et loin de tous les regards, ce qui ne les empêcha pas d'être arrêtées et conduites en prison à Douai, un peu avant la chute de Robespierre, pour avoir donné l'hospitalité aux émigrés. Cela était vrai. Mme de Croix, femme de beaucoup d'esprit, avait manqué de prudence, défaut ordinaire aux grandes âmes, dont le dévouement passe avant tout sentiment de crainte personnelle.

Pendant que Mme de Croix m'occupe, je ne puis penser sans rire à quelques anecdotes que ma belle-mère m'a racontées. Auparavant, je dirai que mon beau-père avait pu gagner la frontière pour émigrer, grâce à son obligeance, et conduit par son vieux garde Félix : c'est en fugitif, à Forêt, qu'il fit la connaissance de Mlle Juliette d'Espienne qu'il épousa quelques années plus tard.

Mais revenons à Marie-Catherine-Françoise de la
Chaussée de Boisville, qui fut la troisième femme
de Monsieur Nicolas-Joseph-Arnould Razoir de
Croix, chevalier, seigneur de Foret, Villers au
bois, Remoncourt et prévost en chef des magistrats
de la ville de Valenciennes. Très âgé pour elle, et
dont le sérieux et la gravité contrastaient singulière-
ment avec une verve, un entrain, une vivacité
qu'elle conserva toute sa vie; aussi lui faisait-il
de fréquentes et paternelles remontrances, accom-
pagnées de souvenirs d'admiration à l'adresse de
ses premières femmes, qu'il lui proposait toujours
comme modèles accomplis de toutes les vertus con-
jugales; elle y mit toute la patience dont sa nature
bouillante était susceptible, mais, voyant que cela
tournait au radotage, un jour, exaspérée, elle inter-
rompit l'homélie par un grand coup de sonnette,
auquel se rendit le valet de chambre qu'elle chargea
d'appeler tous les domestiques mâles et femelles, du
dedans et du dehors : jardiniers, filles de basse-cour,
etc., etc. « Que leur voulez-vous, Madame, mur-

mure son mari alarmé? — Vous allez voir... continuez?... » Le groupe de serviteurs au complet, elle prit la parole, avec un air de componction : « Monsieur de Croix a fait des pertes bien grandes, irréparables même ; les vertueuses femmes qui m'ont précédée ici, malgré leurs mérites, ont, je crois, besoin de prières pour les tirer du purgatoire ; elles obsèdent mon mari qui en est bien malheureux, nous allons prier ensemble. » Et là-dessus, tous à genoux, elle entonne un solennel *De Profundis*, et en les congédiant, leur annonça que ce ne sera probablement pas la dernière fois qu'elle les réunira.... Elle se trompait, la maligne personne, les chers souvenirs ne furent plus évoqués, ce remède héroïque avait complètement réussi.

L'année 1831 faillit nous enlever mon bon grand-père, le baron de Nédonchel ; il avait quatre-vingt-onze ans ; un catarrhe pulmonaire menaçait de dégénérer en hydropisie de poitrine. Ma mère, d'après l'avis des médecins, lui conseilla de se préparer à la réception des sacrements. Il lui répondit : « Cela ne fait pas mourir, je les ai reçus bien des fois, *in articulo mortis*, et me voilà encore. » Nous assistâmes en famille à cette imposante cérémonie, et admirions son calme. Voyant nos larmes, lui, la bonté même, quand le Doyen fut parti, nous appela, Georgine et moi, tout contre son lit, et nous dit bien bas : « Ne pleurez pas, je ne vais pas mourir ; les autres le craignent, mais soyez tranquilles... » Il était dans le vrai. Et les jours de Georgine qui sanglotait à son chevet, étaient comptés !... A l'âge de dix-neuf ans, cette bonne sœur, si fraîche et si vermeille jusque-là, commença à nous inquiéter ; elle se plaignait de fatigue, pâle et amaigrie, nos médecins d'alors n'y voyaient pas grand'chose ; ils ordonnaient des toniques, du vin, ils avaient raison ; mais le fer, peu connu alors, aurait du être employé, mon expérience postérieure me l'a démontré pour augmenter mes regrets. J'aimais tendrement cette sœur, compagne de mon enfance ; d'un caractère doux et sérieux, peu communicatif, mais que j'avais étudié et compris. Je l'obtins souvent à Odomez, pour la distraire, disait ma mère, si on peut appeler distraction un changement, mais la pauvre petite se regardait comme chez elle sous notre toit ; elle y jouissait d'une sorte de liberté que mes sœurs, l'une après l'autre, ont toujours appréciée. Adolphe était un vrai frère pour elles ; d'un caractère gai alors, il savait faire rire parfois Georgine qui s'inquiétait de son état de santé, non sans raison, hélas !...

En juin 1832, alors que j'étais grosse de ma fille Zoé, j'apprends qu'elle était tombée malade d'une fièvre putride et maligne, (maintenant appelez cela typhoïde, c'est tout aussi terrible).... Le premier jour où elle s'alita, elle appela son confesseur, un ancien père capucin, curé du Jolimetz, lui dit qu'elle était frappée à mort et voulait s'y préparer. Ma mère n'en croyait rien, mais elle était trop pieuse pour oser contrarier les salutaires pensées de sa fille. Chaque jour, le vieux prêtre avait un entretien avec elle, et le neuvième, son âme innocente et résignée quittait ce monde. Mon frère Henri, ma sœur Valentine, une femme de chambre, la fille de cuisine tombèrent malades à quelques jours de distance ; ils furent sauvés. Dieu se contenta de cette pure et douce victime qu'il voulait retirer de ce monde, qui ne l'aurait pas appréciée, peut-être !

J'étais désolée, mes beaux-parents, mon mari ne trouvaient pas possible que, dans ma position, j'allasse dans cette maison où cinq maladies graves s'étaient déclarées en peu de jours. Ma mère, ayant soif de m'embrasser, n'y demandait qu'une visite de quelques heures, qu'on crut devoir lui refuser. Combien j'en souffris ! Et cependant, comment blâmer mon mari et les siens, de leur crainte pour moi ?

Quand je revis ma pauvre mère, si éprouvée en ce moment, nos larmes se confondirent ; mais elle, si franche, me laissa voir qu'elle m'aurait voulue plus tôt ; ce qui l'excusait, c'est qu'elle n'avait jamais connu la crainte pour elle-même. Elle a surveillé en tous temps l'hôpital du Quesnoy que ma grand'mère avait fondé ; elle y allait plusieurs fois par semaine, pendant ses nombreuses grossesses, comme dans d’autres moments.... Avait-elle raison pour ses petits enfants ? J’en laisse le jugement à Dieu, et me contente de l’admirer. Ma mère était une robuste chrétienne des anciens temps, les malheurs de l’émigration avaient formé cette nature mâle et énergique, et cependant d’une grande bonté. Si elle avait pris quelques soins d’elle-même, sa précieuse existence aurait pu se prolonger. Elle avait le larynx délicat ; des rhumes fréquents avec fièvre la fatiguaient, mais une chambre chaude, des vêtements confortables, éviter l’hiver les sorties matinales, choses bien simples, lui paraissaient de la mollesse. Cette manière rude d’agir envers soi-même était chose ordinaire alors, et mon beau-père, jusqu’à sa mort, ne voulut pas changer un vêtement mouillé, pour ne pas prendre de mauvaises habitudes, disait-il, et attendait l’heure invariable de sa toilette (une heure). Il montait dans son appartement, ma belle-mère sonnait sa femme de chambre, et le dîner de deux heures les voyait apparaître dans une tenue soignée. Jamais je n’ai vu plus d'ordre et de régularité dans un intérieur. La matinée était donnée aux affaires, aux nombreuses audiences à ses fermiers, à ses administrés ; l'après dîner à la promenade avec sa femme, aux visites de voisinage faites ou reçues ; ils accueillaient avec une rare amabilité, et attiraient le monde qu'ils aimaient. Ma belle-mère avait une mémoire remarquable, elle n'oubliait rien : les petites anecdotes de société, les cancans même y avaient leur case, comme les faits politiques et historiques. Elle savait encore, à plus de quatre-vingts ans, les vers de Racine, de Voltaire, qu'elle avait appris dans sa jeunesse ; c'est un grand don qu'une belle mémoire, et elle l'avait complet.

Zoé naquit le 1er janvier 1833 à Odomez, où ma mère vint pour me soigner, et me consoler de n'avoir pas un fils à offrir à mon beau-père qui fut malade de cette déception. On décida en famille, qu'on donnerait une nourrice à cette chère petite qu'on ne nomma ni Désirée, ni Félicité. mais comme ma mère, sa marraine. Elle était venue un peu avant terme, et, assez délicate, fut plus facile à élever que sa sœur.

Des chemins affreux nous séparaient de Fresnes, notre paroisse; la neige et la gelée rendaient ce voyage long et périlleux pour l'enfant : nous ne pûmes obtenir la permission de l'ondoyer, malgré nos sollicitations, et il fallut faire ce trajet dans ces mauvaises conditions. Une fluxion sur les yeux en fut le résultat pour la pauvre petite, et le curé, quelques jours après, nous dit : « Pourquoi ne m'avez-vous pas appelé pour l'ondoyer, disant votre enfant en danger? c'en était un que ce voyage, je l'aurais fait... » Je n'ai compris ni l'Evêque Belmas dans sa rigueur, ni le curé dans son conseil tardif, ni la possibilité d'user de subtilité en pareil cas : j'aurais cru mal faire en faisant entrer mon enfant dans l'Eglise par cette porte dérobée; Adolphe d'ailleurs, la droiture même, n'y aurait pas consenti.

Mon beau-père et ma belle-mère eurent de la peine à prendre leur parti de cette seconde petite-fille, et longtemps ont regardé Zoé un peu de travers.

Nous n'avions pas eu de bonheur dans le choix d'une première nourrice, qui avait besoin d'une surveillance perpétuelle ; elle avait un mauvais caractère et n'était pas sûre, nous cherchâmes assez longtemps à la remplacer avantageusement, et nous finîmes, aidés par notre bon docteur Caudron, par trouver une femme qui, sans nous convenir parfaitement, avait au moins les qualités essentielles, et nous pûmes même la garder, la nourriture finie, quelque temps comme bonne.

Je fus encore très longtemps à me remettre de cette seconde couche. En province, et dans les petites villes surtout, il est peu de bons médecins ; ils ont une certaine routine, et généralement ne s'aperçoivent pas des accidents peu ordinaires ; ils soignent sans connaître le mal qui fait des progrès, et quand, après de longues années, de plus capables le signalent, il est souvent trop tard pour y remédier

Ma mère se désolait de ma maigreur, d'une espèce de langueur qui n'était pas une maladie, et que je dissimulais de mon mieux à Adolphe qui me faisait consulter, malgré moi, les médecins les mieux famés du pays. L'antipathie que j'ai toujours eue pour ces Messieurs, et que je confesse être peu raisonnable, me faisait craindre un traitement suivi. J'ai toujours voulu comprendre pourquoi un médecin ordonne telle ou telle chose. Quand je crois voir que c'est sans bonne raison, la mienne se révolte, et je refuse de donner ma confiance aveuglément, convaincue que les médecins tuent, sans le vouloir, mais par légèreté, bien des malades à qui ils ne devraient ordonner que des pilules de mie de pain, et de l'eau sucrée quand ils n'y voient pas clair; mais l'amour-propre humain arrête sur leurs lèvres le mot : « Je ne sais pas; » ils mettent tout sur le compte des nerfs, ils gagnent leur argent, et le patient perd la santé, si ce n'est la vie !

L'année suivante vit finir mon cher grand-père, le baron de Nédonchel, à l'âge de près de quatre-vingt-quatorze ans. Il s'éteignit dans son hôtel au Quesnoy, au milieu des larmes de ses enfants, qui s'étaient flattés de le conserver encore; mais il n'y avait plus d'huile dans la lampe, car progressivement, nous le vîmes refuser les mets qu'il aimait, puis les potages, le laitage, enfin, petit à petit, diminuer la boisson, et vivre les dernières semaines de quelques cuillerées de sirop.... Sa porte était assaillie par des gens de toutes les classes et de toutes les opinions : chacun sentait que la perte d'un homme de bien est un malheur public. Ses funérailles rassemblèrent tout le pays, et la douleur des siens fut partagée par tous.

Ma tante Dauger prolongea son séjour près de sa sœur; c'était une consolation pour toutes deux de pleurer ensemble sur cette tombe. Elle avait avec elle Adrienne, qui n'était pas mariée encore, et ses plus jeunes enfants. Je ne pus achever l'hiver au Quesnoy avec ma chère cousine, que je devais si peu revoir à l'avenir; ma mère trouvait que le ménage était trop nombreux pour le nombre de domestiques; je dus me soumettre à retourner à Odomez, mais ce fut un vrai chagrin. J'ai admiré à cette époque, avec quel respect ma bonne tante s'était soumise au testament de mon grand-père, qui faisait à ma mère de grands avantages, parce qu'elle avait épousé un Nédonchel. Je crois qu'il l'en avait prévenue ; mais, mère aussi d'une nombreuse famille, elle avait dû intérieurement en souffrir. Ma tante était une personne d'une grande vertu ; très pieuse, elle vit la volonté de Dieu dans celle de son père, et pas une plainte ne sortit de sa bouche. A cette époque, l'amour du nom était ordinaire dans nos anciennes familles. Cette manière de faire de mon grand-père en était la conséquence ; il aimait cependant tendrement sa fille Mélite, je crois même qu'il avait une petite préférence pour elle ; la voyant plus rarement, il n'y avait jamais avec elle de ces petits conflits qui naissent d'une habitation commune. J'avoue que, d'une autre génération, je ne compris pas alors, plus que maintenant, ce sentiment d'orgueil de race primant les affections naturelles : le peu d'union des familles prend souvent sa source dans cette injustice, supportée par vertu, mais qui a blessé au cœur celui qui en a été la victime.

En 1835, le comte Charles Bady de Normont, mon parent, mourut à Bruxelles : c'était lui qui, à

la demande de son frère, m'avait donné la terre
d'Hulplanche pour faciliter mon mariage; je lui en
gardais une extrême reconnaissance, et sa fin me fut
très sensible; elle augmenta de peu notre aisance pour
le moment, car sa veuve, dont il était séparé, avait,
par son contrat de mariage, droit à la moitié de ses
revenus, l'autre devait être touchée par son frère qui
nous la laissa presque toujours. Cette propriété n'était
louée que six mille francs, et peu de jours avant sa
mort, les fermiers, d'accord avec les domestiques, lui
avaient fait signer un bail de douze ans qui, joint aux
deux années de l'ancien, engageait pour quatorze ans
ce bien à moitié de sa valeur. Nous aurions pu
attaquer cette disposition illégale d'un usufruitier,
mais il était notre bienfaiteur, nous ne le fîmes pas
et nous respectâmes ce qu'il avait fait, vraisemblable-
ment sans en avoir conscience. Quelques années plus
tard, le minerai de fer qu'on exploita dans le bois,
nous fut très avantageux, quand nous dûmes nous
occuper sérieusement de l'éducation de nos enfants.
Il y était très abondant, et Mme de Normont, ayant

fait un accord avec nous, pour être débarrassée des
frais de gestion, plantations, entretien, etc. n'eut pas
à entrer dans les produits de cette heureuse chance
qui nous procura quelque aisance.

Mon excellent grand-père m'ayant, en mourant,
laissé une petite somme à titre de souvenir, mon
pauvre mari fut pris d'une envie démesurée de faire
ensemble un petit voyage à Paris : sa vie était si sérieuse que cela s'expliquait, mais nous ne pouvions y
mener nos petites filles, ce qui diminuait mon ardeur
et tellement que j'eusse payé volontiers pour rester
dans mon petit castel avec elles. Adolphe n'avait pas
la même appréhension de laisser nos enfants à mes
parents, nous composâmes : il promit que l'absence
se bornerait à dix ou douze jours et nous partîmes, en
poste, s'il vous plaît, c'était à n'y pas croire ! Il parut
si content, que je cachai de mon mieux ma déconvenue
sous un masque joyeux.

Mes beaux-parents étaient à Paris ; nous logeâmes
comme eux, grand-hôtel d'Espagne, rue Richelieu ;
les petites exigences de mon beau-père amenèrent des

rabat-joie, que nous aurions pu prévoir. Somme toute, Adolphe ne s'amusa pas beaucoup, et, je crois, revint aussi content que moi, ayant semé dans la capitale une bonne partie du cadeau de mon grand-père. Il m'acheta un piano droit de Roller et Blanchet qui était fort bon, et me fit un extrême plaisir, car jusque-là, je n'avais, depuis mon mariage, qu'un vieil instrument d'Erard que ma mère avait eu la bonté de me prêter, et qui me paraissait détestable, surtout après en avoir eu un excellent, acheté au moment de ma sortie de pension et qu'elle avait gardé.

Je me remis à faire un peu de musique, ce qui était toujours un grand ennui pour Adolphe, dont c'était l'antipathie. Donnez donc des talents à vos filles, pour obtenir ce résultat imprévu ! Je profitais de ses promenades pour me mettre au piano, je le quittais quand je l'entendais rentrer. Il fallait que mon amour de la musique fût bien grand pour que je ne l'aie pas abandonnée complètement : c'eût été plus parfait, sans doute, ce goût étant si peu partagé ; mais je me disais que ce petit talent me serait utile pour mes filles, ne demandant pas mieux de me justifier à mes propres yeux, de ne pas faire ce sacrifice à mon mari. J'avais si peu de distractions d'ailleurs, c'en était une réelle pour moi. Je jouais trop peu cependant pour ne pas perdre, et cela désolait ma mère qui me relançait pour jouer à quatre mains, toutes les fois que nous étions réunies, et trouvait toujours quelque bonne raison pour me faire déchiffrer ou étudier, sans s'inquiéter de mon pauvre Adolphe.

A dater de 1831, la petite société du Quesnoy alla en diminuant de nombre et d'agrément. M. de L'Epine n'était plus député, et habitué aux luttes politiques, il oublia trop que les opinions ne s'imposent pas; il attaquait souvent des gens qui n'étaient pas de force à lui répondre; l'on désertait son salon, ce qui était bien une réponse, s'il avait voulu la comprendre. Ma mère, si bonne et si bienveillante pour tout le reste, ne pouvait taire son mépris pour Louis-Philippe, et sa douleur du mal qu'il faisait à la France; c'était le Roi de la bourgeoisie. Toute cette société se piquait, croyait qu'on voulait lui faire la leçon, on laissait ma mère et M. de L'Epine avec leur *Quotidienne*, on s'éloignait, et le vide se faisait. On acceptait bien un dîner de temps en temps, mais c'était froid et plusieurs encore le refusaient. Mon père était bien moins cassant, on se serait arrangé avec lui ; comme personnellement tout ce monde l'amusait peu, il laissa ma mère politiquer à sa guise.

Ma sœur Alix alla successivement du Sacré-Cœur d'Amiens à celui de Lille quand il fut établi, puis quand on lui vit prendre l'accent de la rue Esquermoise, mon père, qui l'avait en aversion, regretta qu'on ne l'eût pas mise à Paris ; on la changea, malgré ses regrets, et elle passa, au Sacré-Cœur de la rue de Varennes, les deux dernières années de son éducation. Chose singulière, ma sœur Valentine ne prit pas à Lille cet accent, et cela parce qu'elle n'avait pas, comme sa sœur, l'oreille musicale. Toute personne née musicienne, ayant l'oreille délicate, prendra vite l'accent des personnes avec qui elle vivra, et au contraire, une autre qui n'en sera pas douée gardera sa manière de parler d'enfance; cette sorte de contagion ne l'atteindra pas. J'ai fait bien des fois cette remarque, je la crois à peu près sans exception.

Le temps s'écoulait, nos enfants grandissaient; Marie avait sept ans, je ne pouvais suffire à leur éducation, Adolphe ayant besoin de moi, et ne se prêtant pas à une exactitude qui le gênait. De plus, leur bonne laissait à désirer. Obligés de la remplacer, nous nous décidâmes à prendre Mlle Jacquet, fille d'un ancien militaire garde du génie au Quesnoy, ayant un diplôme, et dont on nous donna de bons renseignements au couvent d'Avesnes, où elle avait été élevée et où elle prit ensuite le voile, un peu inconsidérément, car elle n'avait en rien l'étoffe d'une religieuse; la gouvernante était aussi fort incomplète, mais nous ne pouvions la payer cher, ni avoir une belle demoiselle qu'il aurait fallu amuser et faire servir. Elle suffisait pour la première instruction, elle possédait sa grammaire à merveille, avait une belle main, le reste était nul. J'oubliais l'essentiel, l'instruction religieuse, que son couvent l'avait mise à même de donner. Avec très peu d'esprit, ses petits talents lui avaient donné une bonne dose d'amour-propre ; elle ne se doutait pas qu'elle avait tout simplement une clef dont, avec une bonne direction, elle pouvait se servir ; elle se croyait un personnage dans la maison, et y apporta un certain trouble. Devant la remettre souvent à sa place, et lui dire assez crûment les choses afin d'être compris, mon pauvre mari la prit un peu en grippe ; les gens qui s'en apercevaient n'étaient pas toujours pour elle ce qu'ils auraient dû être ; nous avions des scènes et mille ennuis ; elle se donnait devant les étrangers des ridicules dont nous souffrions : assez jolie, de la beauté du diable, fraîcheur et belles dents, elle minaudait et espérait tourner quelque tête. Ayant jeté son dévolu particulièrement sur notre médecin, dont elle réclamait la visite pour le moindre bobo, j'assistais à chacune impitoyablement, m'étant rendu compte que notre malin docteur s'en amusait, sans avoir la moindre envie d'épouser une assez sotte per-

sonne, sans dot. Adolphe était sévère pour elle, et il
le fallait; elle ne dut pas être heureuse avec nous,
par sa faute, et cependant elle y resta cinq ans, près
de six; elle nous a dit depuis que c'étaient les meilleurs de son existence! Plus tard, je reçus la con-
fidence de ses déceptions, de sa gêne, et jamais elle
n'écouta un conseil raisonnable et pratique. Pauvre
fille, quelle mauvaise inspiration eurent ses parents
de la faire instruire! Si elle n'était pas sortie de sa
sphère, elle eût pu épouser un bon ouvrier et trouver
un modeste et réel bonheur. Combien il est sage
de savoir rester là où la Providence nous fit naître,
mais on aspire toujours à monter plus haut; l'orgueil
nous perd tous, et la chute du voisin ne nous rend
pas plus prévoyants; les meilleurs parents ont là-
dessus la tendresse la plus aveugle, ils font le sacrifice de leur aisance avec un dévouement sublime,
souvent fatal à celui qui en est l'objet!

Le fils aîné de notre famille, Louis, après ses
études terminées, fit son droit, et alla à Paris où il
était recommandé à d'anciens amis et à des parents.

Comme il était doué d'une charmante figure, qu'il avait de l'esprit, de l'entrain, un caractère agréable, des talents, il y eut des succès, et aurait pu y faire un beau mariage, s'il n'avait eu un caractère indécis qui l'empêchait de suivre avec constance une idée ; il craignait de prendre un engagement, et quand on veut toujours se réserver une porte de derrière, on fait des mécontents, et quelquefois des ennemis, de ceux qui ont pu croire qu'on pensait sérieusement à leur fille ou à leur sœur. Il ne se maria pas jeune, et mes parents eurent la douleur de ne pas le voir établi avant de fermer les yeux, lui ayant cependant chaque année vu former quelque projet d'établissement brillant qui n'aboutissait pas. Il revenait faire des petits séjours au Quesnoy et au Jolimetz. Ma mère, qui voulait les lui rendre plus agréables, ainsi qu'à ses autres enfants, chercha à faire quelques recrues qui rendissent son petit cercle moins sérieux et plus gai. Les événements de 1830 en avaient dispersé les éléments qui, de nature différente, avaient besoin d'une main douce et délicate pour pouvoir être réunis en un faisceau, dont les épines fussent soigneusement écartées. Ma mère travaillait en cela pour ses enfants, ce qui la rendait patiente et adroite, malgré son caractère franc et si peu fait pour les ruses de la diplomatie. Elle donna quelques soirées dansantes. Madame du Sartel avait une fille charmante, Madame de Lavaulx ; son mari bon, charitable, d'un caractère chevaleresque, pas souvent compris, mais toujours admiré ; le commandant du génie, M. Jourdain de Muzon, et sa femme très agréable ; une Carondelet, la comtesse de Bussche, veuve peu riche, vint passer quelques hivers avec sa fille remarquablement belle, Melle Rosemonde. Ce fut une précieuse recrue qui aurait beaucoup plu à mon frère, si mes parents ne lui avaient signifié d'abord qu'un mariage avec elle n'était pas possible ! Elle épousa dans la suite un comte de la Rochefoucauld que sa beauté avait captivé, et ne fut pas heureuse comme elle le méritait.

Mon frère Henri, ne faisant pas son droit, resta dans la maison paternelle après son éducation ; on la prolongea longtemps ; il suivait des cours à Brugelette qui ne furent terminés qu'à vingt-deux ans. Moins brillant que Louis, mais aussi moins gâté, il était bon, obligeant, toujours prêt à rendre service ; ma sœur Alix, à son retour du Sacré-Cœur, trouva en lui un véritable frère qui contribua beaucoup à l'agrément de sa vie. Une grande ressource pour elle encore fut Adrienne de l'Épine, avec qui elle se lia de la plus étroite amitié, toutes les deux étaient gaies, spirituelles, gentilles ; Adrienne était jolie d'une beauté piquante, Alix avait une charmante tournure, des talents. Elles eussent été remarquées sur un plus grand théâtre, ayant les plus charmantes qualités, des ressources dans l'esprit et une conversation amusante. M. d'Hendecourt vint épouser l'amie de ma sœur, à l'âge de dix-neuf ans. Elle eut la grande douleur de perdre successivement plusieurs enfants aimés ; elle se réfugia dans les suprêmes et uniques consolations religieuses faites pour être comprises par sa belle âme.

Quand l'âge de la première communion arriva pour mes filles, nous dûmes penser à nous en séparer et à les mettre au couvent. Ce ne fut pas sans un grand serrement de cœur que nous fîmes ce terrible sacrifice ; notre vie était sérieuse, elles en faisaient la gaieté et le charme : c'était le soleil de notre intérieur, souvent si attristé par les souffrances de leur père. L'hésitation n'était pas possible, il fallait en faire de bonnes et solides chrétiennes, et trouver dans une maison d'éducation religieuse les ressources indispensables pour élever des filles de leur condition.

Nous nous décidâmes pour Jette, où Mme Nathalie de l'Épine était maîtresse générale, et Marie partit la première, désolée de nous quitter, effrayée de cet inconnu dans lequel elle entrait. Nos larmes se mêlèrent aux siennes. Le chemin de fer ne reliait alors qu'en partie Bruxelles à la France, c'était un petit voyage d'y aller. Nous trouvâmes dans ma future belle-sœur, Maria Rodriguez, un grand secours pour l'habituer à sa nouvelle vie. Le caractère vif et enjoué de Marie lui fit tout de suite trouver dans ses compagnes beaucoup d'amies ; elle était également appréciée des religieuses qui m'en faisaient, à chaque voyage, de grands éloges. De fréquentes visites vinrent diminuer l'amertume de cette séparation, et la préparation à la première communion en démontra bien vite la nécessité à l'enfant. Nous étions si loin de l'église, si privés des secours religieux qui, en ville, viennent, dans les paroisses, en aide pour l'instruction des enfants. J'avais d'ailleurs toujours regretté de n'avoir pas fait cette grande action au couvent.

Nous eûmes la grande consolation de voir nos deux filles successivement faire ce premier pas dans la vie chrétienne, entourées de tout ce qui pouvait leur en faire sentir la gravité et l'importance, et quand, la veille, nous allâmes les bénir, nous fûmes frappés de leur recueillement qui ne se démentit pas pendant cette journée de bénédiction.

Zoé ne fit nécessairement cette grande action que longtemps après sa sœur, étant beaucoup plus jeune. Nous avions eu le projet de garder Mlle Jacquet quelques années encore après le départ de Marie, mais cette personne si peu simple, et par cela même fort maladroite, ne voulut pas y croire. L'idée d'être, ce qu'elle appelait renvoyée, et plus justement remerciée, lui faisait un si terrible effet, qu'elle nous demanda sa liberté pour s'assurer contre les chances d'un pareil malheur; nous ne pouvions que la lui rendre, quoique à regret, puisqu'elle le voulait. L'imbroglio s'expliqua plus tard, au milieu de ses larmes, quand Zoé fut au couvent. Jusque-là je m'en occupai de mon mieux, elle était obéissante et studieuse, mais la triste santé de son père m'ôtait la possibilité d'une exactitude si nécessaire pour la régularité des études. Je regrettai donc l'aide de Mlle Jacquet qui m'eût permis de me borner aux leçons de musique; de plus, Zoé privée de sa sœur, avait une vie trop sérieuse pour son âge, ce qui lui donna le désir d'aller la rejoindre au Sacré-Cœur, avant l'âge où Marie elle-même y était entrée. Nous nous décidâmes donc à réunir les deux sœurs. Je crus bien faire, mais ce second sacrifice renouvela pour moi l'amertume du premier; j'éprouvai, quand il fut accompli, un vide immense !

Adolphe ne pouvait manquer de s'en apercevoir, il était peiné de ne pas me suffire; rarement les hommes comprennent l'amour maternel qui leur cause quelquefois un peu de jalousie : c'est quelque chose qui leur est volé. Il aimait certes tendrement ses filles, rien ne lui coûtait pour leur faire plaisir; malgré notre fortune restreinte, leurs petites fantaisies étaient satisfaites ; de fréquents voyages à Bruxelles tenaient une grande place dans notre mince budget. Il aurait voulu me voir aussi gaie pendant leur absence que je l'étais avec elles ; mais il était habitué à lire dans mon cœur, et il y voyait cette souffrance qui le peinait.

Pendant le temps où cette chère portion de moi-même était à Jette, Adolphe, de plus en plus souffrant, eut l'idée de consulter un médecin homéopathe, alors en grand renom, le docteur Varlet, qui ne voulut le soigner que sous ses yeux. Nous nous décidâmes donc à nous établir à Bruxelles pour quelques semaines, disait-il; nous y passâmes en effet, en plusieurs séjours, neuf à dix mois ; toujours il promettait une guérison que rien n'indiquait. Mon pauvre mari, soumis en sus à un traitement d'eau froide, maigrissait à vue d'œil et devenait de plus en plus nerveux. Je crois que le docteur Varlet lui a fait grand mal, et qu'il aurait dû ne pas prolonger autant une épreuve compromettante pour sa santé. Nous allions plusieurs fois par semaine embrasser nos enfants, c'était notre grande distraction et le beau côté de la position.

Madame de Lispré, née d'Assignies, ma parente, nous fut une agréable ressource de société à Bruxelles, son mari était aussi entre les griffes de M. Varlet, et son admiration était grande pour le caractère et les talents de ce docteur, qui avait celui de fanatiser une partie de ses clients. Je me serais rangée à leur suite s'il les avait guéris, mais mon mari, cruellement souffrant, ne me disposait pas à l'enthousiasme, et l'on me trouvait sceptique à l'endroit de ce dieu du jour. Le comte Henri de Mérode qu'il soignait, était le premier de ses admirateurs ; il venait souvent nous voir, nous chercher pour faire en voiture des promenades à Bruxelles et dans ses environs ; son érudition les rendait très intéressantes ; il possédait à merveille son histoire locale, les faits et les anecdotes peu connus qui s'y rattachaient ; il était un cicérone précieux, et d'une obligeance rare. Je devais ses bontés au souvenir de ma mère et de mes parents qu'il avait beaucoup connus à Tournai, à leur retour d'émigration. Il me fit cadeau de ses mémoires qui parlaient d'eux et de beaucoup de personnes de notre monde ; rédigés par lui, et n'étant pas dans le commerce, ce fut pour moi un vrai cadeau.

Nous dinions quelquefois chez lui, rue aux Laines, avec sa famille et des étrangers de distinction qui passaient à Bruxelles. Nous y trouvâmes un jour l'Archevêque de Reims, depuis Cardinal Gousset, qui se rendait aux fêtes du Jubilé de Liège. Ce prélat, savant théologien, était étonné de trouver dans le comte de Mérode, en ces matières spéciales, un véritable maître ; les gens du monde de notre siècle s'occupent rarement de cette grave science, et un de ses plaisirs consistait à battre les curés du pays, la plupart moins forts que lui.

Le comte Xavier de Mérode, alors officier des guides, me fut présenté ; et je ne me doutais pas que vingt années plus tard, je le retrouverais à Rome,

prêtre camérier du Pape, et son ministre des armes.
Il était sous l'uniforme aussi spirituellement gai que
je le vis sous la soutane qui n'avait pu, dans l'intimité, le changer complètement ; seulement il ne
faisait plus ses promenades autour du salon, assis
par terre, accrochant chaque meuble avec ses longues
jambes, malgré les observations de sa tante, dame
d'honneur de la reine Louise, personne sérieuse et
de grand air. Le comte Xavier était un original dans
la bonne acception du mot, qui avait un peu déteint
sur monseigneur de Mérode, prélat de haute vertu et
d'admirable charité.

Je cite encore dans nos agréables relations de ce
moment, le vicomte de Quabeck, ancien ambassadeur
du roi Guillaume, dont la conversation intéressante,
les excellentes manières étaient remarquables. Nous
dînions très souvent ensemble à l'hôtel de Hollande,
où nous étions logés ; il n'aimait pas la solitude, et
nous y avons gagné de bons moments. Le général
Deys fut aussi, surtout pour Adolphe, une grande
ressource ; ils s'étaient liés à Mons, les années

où, avant notre mariage, il y allait beaucoup.

En 1843, ma sœur Alix avait épousé le comte Maurice d'Hauterive; c'était un mariage d'inclination qui n'eut pas l'entière approbation de nos parents et qui, pour s'accomplir, eut à surmonter mille difficultés.

Depuis plusieurs années Maurice s'occupait de ma sœur; mes parents, comme il ne se présentait pas de parti convenable pour leur fille, laissèrent aller les choses, croyant alors la fortune des d'Hauterive plus considérable qu'elle ne l'était réellement, et pensant que, par ses excellentes études et sa capacité réelle, il pourrait faire son chemin. Il eût été sage d'approfondir les choses, et de moins voir sa mère liée avec la mienne depuis longtemps, mais je ne sais par quelle fatalité, les rapprochements devinrent, au contraire, plus fréquents. On dit qu'il ne faut pas jouer avec le feu; c'est surtout contre celui que l'amour allume si facilement chez les jeunes gens,

que les parents doivent être en méfiance. Tout à
coup, une cabale, conduite par ma tante Emélie,
éclate; mon père se laisse entortiller par ses sœurs,
et déclare que ce mariage n'est pas possible...
l'idée de faire un grand chagrin à Alix ne leur vint
même pas. Ma mère ne savait que faire, et ne pouvait
agir contre son mari dans une circonstance aussi
importante. Le parti, certainement, n'était pas brillant, mais la modeste dot qu'on nous donnait, rendait un établissement d'autant plus difficile que,
vivant très retirés dans une petite ville, ma sœur
n'avait pas la chance de rencontrer un jeune homme
qui l'eût épousée pour ses charmantes qualités. Je
recevais ses confidences, je la plaignais sincèrement, ne pouvant rien de plus pour elle; puis je
vis avec douleur sa santé s'ébranler et une maladie
grave se déclarer; elle fut longue, les médecins
conseillèrent le changement de lieux. Nos bons
parents Dauger offrirent leur toit hospitalier et mes
deux cousines, Georgine et Caroline, leurs soins et
dévouement de tous les instants.

Quand elle fut mieux, le mariage se fit ; mais la contrainte régnait dans les leux familles ; ma pauvre sœur, toute ébranlée encore, était tentée de renoncer pour toujours au mariage. M. et Mme d'Hauterive, inquiets pour sa santé, non sans raison, furent parfaits, et laissèrent mes parents décider du sort de leur fils, qui au reste, par la suite, fut bien récompensé de sa délicatesse : il trouva dans ma sœur une femme dévouée et une mère parfaite. Elle accepta la vie qui lui était faite chez ses beaux-parents à la campagne et à Paris, adorant son mari. Il devait rester à Paris une grande partie de l'année, pour y remplir un emploi au ministère des affaires étrangères qui lui donnait, par la suite, l'espoir d'y remplacer son père. Alix, au lieu d'encourager son mari à supporter un isolement nécessaire, se lamentait avec lui ; il s'ensuivit, au bout de quelques années, que Dame Raison ne fut plus écoutée, et la place abandonnée. Maurice renonça donc, par cela même, à une carrière utile, non seulement à leur aisance, mais pour l'avenir de leurs enfants. Ils voulurent essayer de l'agriculture, c'était une occupation ; mais au point de vue pratique, ce n'est pas là ordinairement que les gens de notre classe gagnent de l'argent. Ma sœur était gracieuse, bonne, aimable, d'un caractère enjoué et sympathique, elle sut se faire aimer de tout son voisinage, où elle trouva de solides amitiés.

En 1845, mon frère Henri épousa Mlle Aldestine de Blangy, d'une ancienne famille normande et sœur de la femme de notre cousin Amédée Dauger. Cette affaire, je ne sais pourquoi, avait été laborieuse à s'arranger ; toutes les convenances de part et d'autre semblaient réunies, mais l'éloignement rendait les occasions de se rencontrer difficiles, il en résultait pour les parents de la peine à s'entendre. Ma belle-sœur venait de perdre son père, et un tuteur ne simplifiait pas les choses. Mon frère plaisait à la jeune personne et à sa mère. Après plusieurs entrevues, il fut agréé, sans que ses parents, déjà mal portants alors, eussent

pu voir et connaître celle qui devait cependant de-
meurer avec eux, et leur succéder au Jolimetz. Mon
père alla au mariage avec ses fils ; c'était en plein
hiver ; ma mère n'osa en affronter les rigueurs ; cet
immense château de Fontenai l'effrayait, non sans
raison. Ils y furent splendidement traités et gelés,
mais mon père rapporta une impression pénible de
l'extrême délicatesse de sa belle-fille ; elle fut partagée
peu de temps après par ma mère, quand elle lui fut
présentée. Les santés sont robustes dans notre famille :
ce teint pâle, ces soins continuels et minutieux dont
mon frère entourait celle qu'il avait choisie, cette
tristesse un peu maladive qui faisait le fond du caractère de la jeune femme ne leur plurent pas. Il était
facile cependant de voir beaucoup de qualités solides
sous cette frêle enveloppe : un grand amour pour son
mari, beaucoup de piété, de l'instruction, du jugement, une douceur inaltérable...

Quand mon père, si entiché de sa race, crut voir
qu'Aldestine n'était pas destinée à la perpétuer, il
ne put s'y attacher. C'était cependant une personne

d'un commerce très sûr, et qu'on aimait de plus en
plus, quand elle avait laissé voir ce qu'elle valait ;
mais elle n'était pas brillante, et sans jeunesse parce que
sa santé était délicate. Mon frère s'y attacha, et fut
le modèle des maris pendant leur trop courte union !

Mme Henri avait beaucoup de cœur. Je lui ai toujours été reconnaissante de ses petites attentions pour
mon pauvre mari qui les remarquait et en était tou-
ché ; il aimait à la voir à Odomez, et se trouvait à son
aise avec elle, comme si c'eût été une vieille connaissance : il sentait qu'elle comprenait et respectait ses
petites manies de malade. J'ai toujours remarqué que
la bonté sait attirer les cœurs bien plus fortement que
l'esprit et les agréments extérieurs qui captivent d'une
manière éphémère, sans laisser la moindre impression
durable en faveur de la personne qui l'a fait naître.

Nous perdîmes, en 1845, notre cousin, le comte de
Normont Rinsart, à l'âge de quatre-vingt-six ans.
Ce fut pour moi un grand chagrin ; il m'avait mariée,
dotée, moi sa parente comme tant d'autres, comment
ne lui en aurais-je pas conservé une grande recon-

naissance? De plus, soit à Valenciennes, soit à Quié-vrechain ou à Sebourg et Odomez, nous le voyions souvent, il avait sa place marquée dans toutes nos réunions; c'était donc un grand vide qui se faisait sentir tous les jours.

Il aimait à réunir ses parents, ses amis, ses voisins; ces maisons hospitalières sont si rares! La sienne n'a pas été remplacée dans le pays. On savait le trouver le vendredi chez lui; il offrait un dîner maigre, tantôt splendide, tantôt très ordinaire, la marée de Valenciennes en décidait : « Toujours assez pour ses amis, disait-il gaîment, et toujours trop pour ceux qui ne le sont pas; » mais son accueil était toujours cordial, chacun pouvait se croire désiré. Nous nous trouvions trois, quatre, quinze ou dix-huit intimes, priés une fois pour toutes : notre ménage y manquait rarement, et le vendredi était un de nos bons jours. Mon entrée dans son salon était toujours saluée par une exclamation affectueuse : « Quel bonheur!... » et cette belle et bonne figure de vieillard s'illuminait. C'était un bonheur aussi que cette paternelle réception. Nous faisions sa partie de whist qu'il aimait beaucoup plus que moi, qui alors préférais le mouvement et les causeries. Sa conversation était si charmante, semée d'anecdotes; il pétillait d'esprit, mais un esprit bienveillant qui n'avait pas besoin de médisance et de causticité. Ce cher et excellent homme avait, hélas! abandonné toute pratique religieuse, ce qui nous désolait; ma mère cherchait à l'y ramener, et quand il l'avait écoutée avec patience, mais sans se rendre à ses raisonnements, il prenait son air narquois et disait plaisamment : « Dieu n'aura pas le courage de damner un si bon diable que moi! » Ce fut bien heureusement une prophétie ; la grâce d'une bonne mort lui fut accordée, bien certainement à cause de ses nombreuses bonnes œuvres et de cette charité pour tous, étonnante chez un homme qui, toute sa vie, ne l'avait pas puisée à la source vivifiante de la charité divine. Ce n'était pas incrédulité raisonnée, il n'était pas de l'école de Voltaire ; jamais un propos irréligieux chez lui n'avait scandalisé. Ayant perdu sa mère très jeune, entré à quinze ans dans un régiment de dragons, son éducation religieuse avait été négligée, et il avait cette confiance téméraire en la bonté de Dieu, sur laquelle il se reposait, comme si ce père miséricordieux n'avait pas donné de commandements aux hommes.

Mon père, ayant appris sa maladie, arriva à temps pour appeler son curé de Quiévrechain, que ses domestiques n'avaient pas laissé parvenir près de lui; il le reçut avec reconnaissance, et une heure plus tard perdait la parole, non sans avoir amicalement remercié mon père de ce service suprême. Sa fin fut douce et tranquille; je le vis plusieurs fois dans ces derniers jours; il reconnaissait, mais la langue était paralysée. Il institua ma mère sa légataire universelle; jamais il ne lui en avait parlé; elle en fut toute surprise, et vit tout de suite avec angoisse le chagrin qu'en éprouverait sa sœur, mère comme elle de six enfants. Mon cousin l'aimait aussi, mais il la voyait plus rarement; le vieux proverbe : « Les absents ont toujours tort, » est si vrai !

Cette succession était chargée de beaucoup de dettes contractées par le frère du défunt, de pensions, de legs. Elle donna beaucoup d'occupations à mon père, de tracas à ma mère qui aimait les choses claires et nettes ; elle fut au total fort belle.

Ma sœur, qui revenait toujours dans sa famille avec bonheur, vint au Jolimetz pour y faire ses premières couches. Notre bonne mère savait si bien soigner et se dévouer, puis elle avait acquis à ses dépens une expérience qui donnait confiance à ses filles. Ma sœur était bien remise de l'état de souffrance qui avait précédé son mariage, sa gaieté même était revenue, et le bonheur qu'elle éprouvait à se retrouver sous le toit paternel, était partagé par toute la famille. Ses couches, par des complications, furent très laborieuses. Un bon chirurgien appelé nous donna quelque inquiétude, heureusement de courte durée. Elle prolongea assez longtemps son séjour dans la famille qui l'aimait si tendrement, et où elle laissait un grand vide.

En 1844, nous reçûmes à Odomez la visite du

prince Ernest d'Arenberg, et de sa belle-sœur, la princesse Frédérique Auesperg. Très lié dans son enfance avec ma famille, on s'était un peu perdu de vue, parce qu'il habitait ordinairement l'Italie ou l'Autriche ; il venait rarement en France ; je me rappelais à peine l'avoir vu chez mon grand-père. Il me dit qu'installé à Raismes pour quelques mois, il désirait vivement procurer à sa femme, retenue au lit par une grossesse pénible, le plaisir de faire ma connaissance ; qu'une amitié, qui datait de l'enfance de ma mère, l'autorisait à me demander de faire la première démarche, puisque la santé de la princesse l'empêchait de bouger. Sa belle-sœur fut aussi aimable et gracieuse, et peu de jours après nous allâmes à Raismes.

La sympathie est une chose inexplicable : Sophie me plut tout de suite. Elle me dit souvent depuis, qu'elle eut le pressentiment, de son côté, que nous continuerions les relations d'amitié de nos ascendants. Les affectueuses dispositions réciproques rompirent bien vite la glace entre nous ou plutôt elle ne se forma pas ; on me pria de revenir souvent ; sans effort, moi, généralement assez sauvage, j'en fis la promesse. La confiance, c'est-à-dire l'amitié, vint tout naturellement : la princesse Frédérique m'apportait les nouvelles de sa sœur, ou d'aimables petits billets venaient me réclamer. Dans une langue qui n'est pas la sienne, ceux de Sophie ont un charme inimitable ; il y a une originalité, un esprit, un imprévu au bout de cette plume, qui vous surprend et vous attire ; quand une fois le cœur s'est mis de la partie, l'esprit est facilement subjugué ; notre amitié, toujours entretenue par une correspondance suivie, ne s'est jamais refroidie. Nos positions avaient des rapports qui rendaient la confiance naturelle et réciproque ; mon pauvre mari, si souffrant, absorbait mes pensées, et était la boussole de ma vie ; le sien, torturé par sa pauvre jambe, était soigné, distrait par sa femme, dans ses moments de crise, avec une adresse, un dévouement qui ne s'est jamais démenti. Quand une partie était arrangée, un petit plaisir projeté, elle m'écrivait : « C'est impossible, Ernest souffre ! » Je n'avais pas non plus un jour assuré, et l'idée que la politesse put nous imposer une gêne, à l'une ou à l'autre, ne nous venait pas ; nous nous aimions assez pour nous sacrifier mutuellement à nos pauvres maris souffrants, sans aucune cérémonie. Ma mère, depuis quelques années, avait chaque hiver de terribles bronchites, qui amenaient de graves désordres dans les voies respiratoires. Nous obtînmes d'elle qu'elle allât avec mon père, aussi fort souffrant, consulter un fameux médecin de Verviers, le docteur Ruiten. Il prescrivit à la malade un traitement, duquel il avoua à mon père ne pas espérer grande amélioration ; il était, hélas, trop tard ! Chaque rhume, disait-il, pouvait être mortel, et cependant comment espérer obtenir qu'une personne, si dure à elle-même, s'entourât de précautions, et se mît, pour ainsi dire, dans une boîte de coton ?

En 1846, à la fin de décembre, elle voulut faire un voyage à Bruxelles, afin d'y rencontrer Madame la marquise Rodriguez et sa fille, qu'il était question d'unir à mon frère Léon. Ma mère craignait une seconde belle-fille maladive ; on lui avait dit Maria très petite, elle craignait qu'elle ne fût chétive, et voulait juger son extérieur avant de donner des conseils à son jeune fils. Le rendez-vous était au Sacré-Cœur de Jette, où il paraissait naturel qu'elle vînt voir ses petites-filles, et il ne pouvait y avoir aucune crainte, par ce rendez-vous, que ce projet vînt à s'ébruiter, avant, pour ainsi dire, de naître.

Ma bonne mère commettait une grave imprudence pour sa santé, en entreprenant ce voyage l'hiver. Les chemins de fer ne transportaient pas promptement et confortablement alors ; la ligne de Bruxelles n'était pas terminée, une partie se faisait encore en diligence ; elle pouvait souffrir de la rigueur de la saison, et c'est ce qui arriva. Elle eut ensuite à surmonter une grande répugnance à entrer dans ce couvent, que ma sœur Valentine avait quitté quelques mois auparavant, après sa prise d'habit, pour aller faire son noviciat au Sacré-Cœur de Paris. Ma mère n'avait pu assister à cette cérémonie, retenue au lit par une bronchite.

La détermination de ma sœur lui avait fait une grande peine. Convaincue que sa vie et celle de mon père ne seraient plus longues, quelle douceur elle aurait éprouvée de recevoir les soins d'une fille angélique, qui se serait dévouée, en même temps, à la remplacer dans ses occupations d'intérieur et de charité. Malheureusement, les personnes qui dirigeaient ma sœur mirent son avantage spirituel au-dessus de ces considérations, d'un grand poids cependant. Mes parents avaient, depuis plusieurs années, fixé à l'âge de vingt-cinq ans, son entrée au couvent. Elles trouvaient que c'était un peu tard pour prendre les habitudes de la vie religieuse, et elles obligèrent ma sœur, le terme en étant arrivé, à exiger la réalisation des promesses faites depuis longtemps. Ce fut une cruelle épreuve pour elle de voir la douleur et presque le mécontentement de ma mère. Si elle avait agi sans influence étrangère, elle serait restée à son poste naturel. Combien de fois j'ai représenté à ma mère que ma sœur avait souffert autant qu'elle ; mais on lui avait parlé au nom de la conscience, et sa grande piété lui fit craindre de manquer à l'appel d'en Haut ; puis, habituée à voir ma mère tousser continuellement, elle n'a pas cru au danger de sa position, ni soupçonné une fin si prochaine.

Quand elle apprit nos inquiétudes, son cœur si aimant fut déchiré, mais elle faisait son noviciat, était déjà sous le joug impérieux de l'obéissance passive ; on ne lui permit pas de suivre l'impulsion de son cœur en venant soigner sa mère..... Je ne juge pas ses supérieurs qui lui dirent que, si elle quittait le Sacré-Cœur, elle n'y rentrerait plus. Les jésuites, il est vrai, n'ont pas la demi-clôture de ces religieuses, mais comme ils comprennent mieux, à mon avis, ce qu'on doit à son père et à sa mère. Ils sont envoyés à leur chevet, apportant avec eux toutes les consolations de leur saint ministère ; ils sont remplacés dans leurs emplois, et arrivent dans ce moment suprême, comme les anges bénis des familles. Les intérêts matériels sont aussi beaucoup plus faciles à régler avec les parents. Les miens avaient, avant le départ de ma sœur, dû prendre des précautions pour la lier de manière à ce qu'elle ne pût doter son couvent que d'une belle pension : on laissait à sa disposition seulement une somme de trente mille francs, qu'elle donna entièrement au Sacré-Cœur, par testament. Je connais des religieuses qui ont vendu leur fortune, pour l'offrir à leur communauté ; c'était assurément leur droit, mais si, dans ces temps, où l'irréligion semble prévaloir comme en Prusse, en Italie, etc., on venait à confisquer les biens des couvents, ces religieuses rentreraient ruinées dans leurs familles.

J'en reviens au voyage fait par ma mère à Jette en décembre 1846. L'impression que lui fit ma belle-sœur fut favorable, et les négociations pour son mariage commencèrent ; elles ne devaient aboutir qu'après la fin de ma pauvre mère, qui eut froid pendant ce voyage, et dès son retour au Quesnoy, devint beaucoup plus malade. Mon père, de son côté, accablé de maladies graves, nous donnait aussi de grandes inquiétudes.

Je venais au Quesnoy le plus souvent que je pouvais ; je pressentais le grand malheur qui me menaçait, j'en étais atterrée !.... J'aimais tendrement ma mère, j'avais

admiré toute ma vie ses grandes vertus ; sa franchise
un peu brusque me plaisait, et en disant avec elle toute
sa pensée, on ne la blessait pas ; elle y répondait par le
même abandon, posant la limite des concessions
qu'elle pouvait faire, et ne laissant aucun coin obscur
qui, chez d'autres, devient le refuge du calcul, si ce
n'est, hélas, de la mauvaise foi !

En février, elle me pria de demander à Adolphe de
venir nous établir au Quesnoy ; elle voulait avoir mes
soins dans ses derniers moments, qu'elle sentait n'être
pas éloignés. Je fus reconnaissante envers Adolphe qui,
si malade lui-même, les voulait aussi, de consentir à ce
que je remplisse un devoir de cœur. Nous nous installâmes au Quesnoy, où peu de temps après, ma sœur
d'Hauterive vint aussi partager nos sollicitudes et nos
soins. Une consultation, faite dans le mois de mars,
ne nous laissa plus d'espoir ; la pauvre malade se nour-
rissait de moins en moins, quoiqu'elle eût faim ; les
aliments passaient difficilement à la gorge malade qui
en rejetait souvent une partie ; ce n'était pas un vomis-
sement, ils partaient sans efforts, et la faim, qui n'avait

pas été satisfaite, se faisait sentir; il fallait recommencer; des quintes de toux longues et fatigantes amenaient des crachements qui l'épuisaient. Chaque jour les forces diminuaient; mais non le courage, l'énergie, la résignation; son intelligence, restée entière, lui faisait juger sa position; mais l'espoir d'en triompher revenait quand un beau rayon de soleil inondait son appartement au midi.... « Le printemps est proche, disait-elle; l'été, avec la grâce de Dieu, peut me sauver. »

M. Legrain, son médecin traitant, venait chaque jour plusieurs fois, il lui était dévoué comme tous ceux qui l'approchaient; il essayait les remèdes nouveaux après les anciens, tous étaient impuissants! Hélas! comme on souffre, quand on épie avec anxiété un mieux qui n'arrive pas, et qu'un jour détruit les espérances de la veille. Le docteur crut de son devoir de prévenir Adolphe et mon beau-frère que ce mal était contagieux; pour nous c'était cruel (j'ajoute inutile), ma pauvre mère ne voulait pas admettre les soins d'une religieuse. Toute sa vie elle s'était sacrifiée pour sa mère d'abord, puis pour son père, son mari, ses enfants, elle avait le droit de compter sur le dévouement de sa famille.

Adolphe me conjurait de m'épargner, il s'opposait à me voir passer les nuits ; la malade me préférait aux autres.... Que de larmes j'ai versées, quand, éveillée la nuit par l'inquiétude, mon pauvre mari me refusait d'aller l'achever près de celle qui en avait tant passées pour moi et pour sa nombreuse famille. Heureusement, elle acceptait les femmes de la maison et celles de nos gens.

Arriva le triste moment où son état ne nous laissa plus d'espoir ! Elle nous avait tant de fois fait promettre de ne pas la laisser dans l'illusion, qu'en famille nous nous décidâmes à accomplir ce rude devoir. Comme l'aînée, j'en fus chargée ; quelques mots, aussitôt malgré moi entrecoupés de larmes, furent compris par cette âme chrétienne, dont la vie s'était passée dans l'accomplissement des devoirs, souvent difficiles, de fille, d'épouse et de mère. Elle me remercia, demanda M. Babeur, doyen du Quesnoy, alors son confesseur, reçut le bon Dieu, et le pria, si on le pouvait sans imprudence, de différer l'Extrême-Onction, afin de s'occuper auparavant de régler ses affaires temporelles, de concert avec mon père. Le testament de ma tante Emélie et l'héritage de M. de Normont avaient modifié ses idées; elle mit dans la rédaction du sien tout le soin dont elle était capable; c'était une fatigue qu'il fallait son énergie pour entreprendre, et les petites irrégularités, quelques oublis involontaires, ne pouvaient être évités dans un pareil travail, au-dessus des forces d'une pauvre mourante. Combien il est important d'accomplir cette triste besogne quand on est dans la plénitude de ses forces et de la lucidité de son esprit! Mais Dieu a béni ses intentions qui furent, par la suite, en tous points, respectées par sa famille.

Après que l'Extrême-Onction lui eut été donnée, elle consacra ses derniers jours à Dieu; elle souffrait peu, ce qui contribuait à lui laisser quelqu'espoir qu'elle pouvait encore se remettre. La mort est toujours pleine d'épouvante, même pour les bons; Dieu, dans sa miséricorde, permet ordinairement qu'on ne la voie pas distinctement et face à face ; voilé par l'espérance, le sacrifice se fait ainsi plus doucement, et la séparation de ceux qu'on aime s'accomplit sans qu'on en sache le moment solennel.

Le 4 mai fut ce jour terrible de deuil pour sa famille, ses nombreux amis, pour les pauvres, pour tous ceux à qui elle rendait, sans le dire, des services de tous genres. Le simple confort, le luxe, elle se le refusait, le blâmait chez ses enfants impitoyablement ; mais quelle liste d'argent prêté, jamais rendu, et tous les dons de son inépuisable charité, c'était là son luxe. On a pu dire d'elle avec vérité : Elle a passé en faisant le bien !

Mon pauvre père, qui se sentait au bout de sa carrière, nous fit promettre de nous arranger pour qu'il fût toujours entouré. Son état de souffrance et de dépendance si pénible nous en faisait d'ailleurs un cher devoir. Il supporta des douleurs, souvent terribles, avec un courage et un esprit de foi admirables, qui les lui avait fait demander à Dieu pour expier les faiblesses de sa vie. On serait tenté d'accuser un tel vœu de présomption, mais il comptait sur la force venant d'en haut, grâce à laquelle il a toujours accepté ses souffrances, non seulement avec une admirable résignation, mais avec reconnaissance. Il survécut à ma mère dix-neuf mois, et put avoir la consolation de marier son plus jeune fils, Léon, comme elle l'avait désiré, trois mois après sa mort.

Nous ne pûmes nous décider à quitter notre grand deuil. Je crois que ce fut trouvé peu aimable par la famille de ma belle-sœur, et avec raison, mais c'était si récent!.... La cérémonie se fit à Mons avec une assistance nombreuse et distinguée. Mon frère si jeune, sorti de Brugelette depuis quelques mois, se forma bien vite à sa position, presque de maître de maison; il avait de l'esprit, du tact; sa femme, du même âge que lui, était très faite : ce fut un heureux ménage, et sa belle-mère s'applaudit toujours de l'avoir choisi.

Après la mort de ma mère, les réunions de famille furent très fréquentes chez mon père qui avait besoin d'être entouré des siens. Le ménage de mon frère

Henri y était de fondation; il reçut la marquise de Blangy, leur mère, assez longtemps au Jolimetz; c'était une personne originale, mais qui ne lui déplaisait pas. Nous y allions de temps en temps, et après avoir passé près de lui, au Quesnoy, le mois de novembre, il trouva très naturel notre désir de passer quelques mois à Paris, pour donner des maîtres à notre fille Marie qui venait de sortir de Jette. Elle avait des dispositions pour le dessin, que nous voulions cultiver, puis nous désirions revoir quelques-uns de nos parents que nous avions perdus de vue; nous regardions cela comme un devoir, ayant des enfants, et, sans avoir l'intention de mener encore Marie dans le monde, nous fîmes des visites de famille. La maison d'Eugénie de Bourbon Busset nous fut une ressource; la vieille princesse de Berghes, son fils et sa fille, mes parents éloignés, nous firent un excellent accueil; les Tramecourt, les de Croix, la comtesse Gaspard de Puységur, que j'avais vue tout enfant, se rappela les vieilles relations de nos familles, et me présenta sa belle-fille et sa petite-fille qui fut depuis Mme de Lareinty ; mais nos rapports journaliers étaient avec mon frère Louis, qui vint passer quelque temps à Paris, et ma sœur Alix.

La mort de ma pauvre mère nous avait rendus un peu plus riches ; nous trouvâmes un petit appartement modeste et commode, au coin de la rue Neuve Saint-Augustin et de la rue de la Paix. Une cuisinière et Emélie furent tout notre personnel : c'était trop peu avec la santé d'Adolphe, pour laquelle il fallait des soins de tous les instants. Nous avions mis Zoé au Sacré-Cœur de Paris ; elle se déplaisait plus encore à Jette sans sa sœur ; nous espérions bien faire, ayant la perspective de la voir très souvent, ce qui était une mutuelle douceur ; mais sa santé ne s'accommodant pas de cet essai, nous dûmes la reprendre.

J'eus alors un rhume que je ne soignai pas, parce que c'était bien difficile dans cet établissement imparfait, et qui dégénéra en bronchite, que M. Rostan, le médecin d'Adolphe, déclara urgent de soigner; on me mit des vésicatoires, je pris du lait d'ânesse, et la révolution de 48 me trouva à peine remise, et mes chères filles commençant une coqueluche. La santé eût cependant été nécessaire dans ce terrible moment. Il faut avoir vu Paris dans ses jours de délire pour s'en faire une idée ; les nouvelles les plus alarmantes se succédaient d'un moment à l'autre ; des groupes menaçants circulaient ; nous étions très inquiets, ne pouvant nous procurer de journaux, et afin d'avoir quelques nouvelles, nous allâmes un soir chez les d'Hauterive, pensant que le beau-père de ma sœur, étant député, pourrait, sinon nous rassurer, au moins nous éclairer. Il nous dit avoir envoyé ma sœur, qui était grosse, à Saint-Germain avec son mari, prévoyant de grands malheurs. Une partie des troupes semblait se révolter, et refusait de se battre contre les émeutiers, puis un désordre extrême en haut lieu ; le roi Louis-Philippe ayant à peu près perdu la tête, depuis la mort récente de sa sœur, Madame Adélaïde, qui avait toujours été son conseiller écouté. La main de Dieu s'appesantissait sur lui ! Ce trône sur lequel il était monté dans un jour d'aveugle orgueil reposait sur l'injustice et la trahison, il s'écroulait, et nous pouvions tout craindre de ses ruines !...

En sortant de chez les d'Hauterive, nous eûmes mille difficultés pour rentrer chez nous ; le ministère des affaires étrangères était entouré d'une multitude avinée criant : « A bas Guizot. » On fit des charges pour le dégager, et des feux de pelotons qui furent meurtriers. Nous ne pûmes gagner notre gîte qu'après de longs détours ; nous trouvâmes nos enfants affreusement inquiètes, car il y avait eu des morts et des blessés près de chez nous. On commençait les barricades, nous étions en pleine révolution. Nous rapportions des provisions, prévoyant des difficultés à s'en procurer, la circulation devenant de moment en moment plus difficile. Nos deux femmes étaient affolées de terreur, ce qui ne contribuait pas à calmer nos chères filles ; on violait les domiciles pour chercher et emporter les armes ; on forçait à illuminer. Pendant quelques jours la position fut vraiment terrible, plus de police, plus de troupes; une garde nationale, qui n'était même pas commandée, assista au sac des Tuileries, commencé aussitôt après le départ du roi. Le peuple en emportait tout ce qu'il trouvait à sa convenance ; nous vîmes passer les habillements des princesses portés triomphalement au bout de longues piques, des meubles de tous genres, etc., etc. Le peuple de Paris ne connut heureusement le pétrole que plus tard, et il respectait encore alors les monuments et les palais, gloires de sa capitale.

Les pauvres gardes municipaux s'étaient fait tuer pour maintenir l'ordre; l'un d'eux qui était de Fresnes, échappé par miracle, était venu nous demander asile ; les chevaux de cette magnifique troupe avaient été tués; on en vendait la chair à la criée dans les rues ; on brûlait les barrières par haine de l'octroi qu'elles protègent. C'est un bien terrible spectacle qu'une grande cité en démence, dont on peut tout redouter, et cependant les propriétés particulières furent respectées, et cette république, qui devait avoir si peu de durée, fut organisée d'une manière assez honnête. On n'en voulait qu'à celui qui avait volé un trône, qui était sous la sauvegarde de sa fidélité et de son honneur. On ne pouvait le plaindre, ne regrettant en lui que l'ordre qu'un gouvernement régulier assure.

Nous n'avions, pendant ces jours néfastes, aucune nouvelle de la province, privée, de son côté, de toute communication avec la capitale ; aussi les nouvelles les plus contradictoires circulaient ; tout se répétait en se grossissant, comme si la simple vérité n'était pas assez lamentable ! Quant à nous, nous n'avions qu'un objectif : partir aussitôt que la chose serait possible. Mais le moyen de circuler au milieu de ces rues dépavées, obstruées par des débris de palissades, par des encombrements de toute nature, que l'impérieux besoin de vivres vint cependant un jour aider à débarrasser.

M. Giard, le maître de peinture de Marie, qui venait souvent nous voir en vrai parisien, ne comprenait pas en ce moment autre chose que Paris ; mais comme il voyait toutes ses leçons lui échapper dans un avenir très prochain, il donnait des conseils trop intéressés pour être écoutés, et nous n'eûmes pas grand'peine à lui faire promettre de venir passer à Odomez quelques mois, ce qu'il fit par la suite, et Marie, sous sa direction, fit de grands progrès en dessin et en peinture.

Adolphe trouva un loueur de voitures qui, aussitôt que l'on put sortir de Paris, mit à notre disposition un grand remise, un excellent cocher et de bons chevaux. Nous laissâmes chez les d'Hauterive une grande partie de nos bagages, et nous nous logeâmes tant bien que mal dans cette voiture, y compris notre nièce, Mathilde de Robersart, que nous avions reprise au Sacré-Cœur de Paris, où il ne restait plus que très peu d'élèves.

. . . .

. . . .

. . . .

C'est le quatrième jour seulement que nous arrivions à Odomez, et quel voyage, mon Dieu ! rempli d'épisodes les plus ennuyeux et parfois les plus inquiétants.... A Senlis, le sous-préfet vint nous demander ce qui se passait à Paris, aucunes nouvelles ne lui en étaient parvenues dans leur vérité : elles

n'avaient cependant pas besoin, pour être lamen-
tables, des exagérations dont on les parait. Le digne
fonctionnaire croyait tout bouleversé et au pillage. A
notre tour, nous avions besoin de savoir les provinces
tranquilles et nos foyers respectés. A chaque village
on nous arrêtait, on voulait voir nos papiers; on
espérait arrêter pour le moins M. Guizot, ou quelque
membre de la famille royale. Nous n'avions qu'un
vieux passeport. Adolphe avait fait des démarches
pour s'en procurer un à l'hôtel de ville, il lui fut
répondu : « En République tout citoyen est libre
de circuler, » et il était dangereux d'émettre un avis
plus pratique. Quand, conduits au maire, nous avions
répondu à ses questions, et qu'aidé de ses lunettes
il nous avait trouvé d'honnêtes figures, nous repre-
nions le cours de notre voyage, jusqu'à un nouvel
incident; mais partout nous trouvions de l'inquiétude, parfois de l'agitation se traduisant en rassem-
blements, en tambours, en fusils, en rubans trico-
lores, en chants de la *Marseillaise,* etc. Marie avait
la coqueluche, et ce bruit, ces mauvaises figures,

l'impressionnant, lui donnaient chaque fois une quinte; alors ces bonnes gens féroces offraient de l'eau, du lait, leur feu pour la réchauffer, s'excusant de l'avoir peut-être effrayée.

A Cambrai, où nous avions quelques connaissances, nous passâmes une nuit calme, et dans un bon hôtel, ce qui nous parut bon, puis nous allions, Dieu aidant, retrouver notre tranquille solitude.

Jamais je n'y revins avec tant de bonheur! Notre retour fit événement à Odomez; l'attachement de cette petite commune nous toucha; nous en connaissions tous les habitants; ils nous avaient crus en danger; ils étaient heureux de nous revoir, comme nous de nous sentir sur ce terrain ami si nous avions à traverser des moments difficiles.

On changea les maires pour nommer les soi-disant républicains : Delécluse, véritable proconsul à Lille, avait des opinions très avancées; il voulut montrer son zèle; malgré son pouvoir, il ne put renvoyer Adolphe qui y eût aidé volontiers, parce qu'il fallait lui trouver un remplaçant; or, les conseillers municipaux un peu lettrés étaient fermiers de mon beau-père, et peu disposés à prendre la place de son fils. Adolphe garda donc son écharpe. Il n'y eut pas dix maires dans le département qui restèrent à leur poste. On fit demander en sous-main à mon beau-père le remplaçant qu'il souhaiterait à Sebourg, et il décida, non sans peine, un de ses fermiers à prendre la place de maire, comme un service particulier à lui rendre.

Les ordres arrivèrent de planter l'arbre de la liberté et de le faire bénir par le curé : on n'était pas encore, quoique républicain, anticlérical avoué! Notre bon curé vint de Fresnes, de fort bonne grâce, prier Dieu de bénir ce signe, afin qu'il ne devînt pas celui du désordre, mais bien de l'union des citoyens (style du moment). Il fit un petit discours, mais pour le terminer, le cri nécessaire de « Vive la République » ne put sortir, et après trois essais désespérés, celui formidable de « Vive la France, » retentit, et provoqua d'un malin du lieu celui de « Vive nous tous, » répété avec entrain.

Nous cherchions depuis longtemps à faire ériger en cure la chapelle de Notre-Dame ; ce fut long et laborieux. Les paysans ont un flair de méfiance pour tout ce qui peut leur coûter quelque chose, dût ce quelque chose leur être profitable. Il y avait pour cela des dépenses à faire, c'était évident ; mais toute une population de 1500 âmes, éloignée des secours religieux, tournait à l'indifférence, il était urgent de lui donner un pasteur, et nous espérions que notre long séjour au milieu d'elle pourrait l'aider dans cette entreprise de moralisation religieuse.

La famille Ewbank nous y aida par le don d'un cimetière, et Dieu permit, au bout de quelques années de démarches, sa réussite. La république n'y aida pas, et il fallut encore attendre et faire travailler nos petites influences.

Marie, après notre retour, petit à petit, se remettait de sa coqueluche, mais Zoé n'avait pu l'éviter, et cette maladie devint très grave pour elle, dans un moment où sa grande croissance la fatiguait ; elle avait une petite fièvre lente, un grand épuisement ; M. Caudron la soigna avec dévouement et confiance en son excellente constitution. Ce fut long, mais au bout de quelques mois nous nous réjouissions, et pouvions remercier Dieu de voir sa santé complètement rétablie.

Pendant que nous étions péniblement occupés des soins de tous genres que l'état de cette chère enfant réclamait, ma belle-sœur de Robersart eut l'amabilité de nous demander Marie, à qui il fallait un changement d'air et un peu de gaieté. Elle passa à Mons quelque temps, on y fut excellent pour elle ; elle nous écrivait ses joies avec Juliette, les petits plaisirs que le carême permettait, et la Providence permit qu'elle y rencontrât celui à qui sa destinée devait être confiée, deux années plus tard. Souvent le hasard semble amener ces rencontres, qui ont sur toute la vie une si grande influence ; disons plutôt chrétiennement, que Dieu, journellement invoqué par les mères, par les familles qui se confient en sa divine providence, les permet, exauçant ainsi des vœux bien chers !

Après un été de soins et de repos, la santé de Zoé nous parut assez rétablie pour lui faire reprendre le cours de ses études. Après bien des hésitations, Jette eut encore nos préférences; l'air de Paris ne lui paraissait pas bon, mais décidés à y passer quelques mois d'hiver, il nous était pénible qu'elle n'en profitât pas, et de nous en éloigner autant; ce fut un vrai combat terminé par un vrai sacrifice !

L'hiver de 49 à 5o fut donc en partie passé à Paris, où je menai Marie dans le monde, autant que me le permettaient mes relations, assez restreintes d'ailleurs, et la santé toujours de plus en plus mauvaise d'Adolphe; elle me mettait dans des difficultés pénibles, placée que j'étais entre deux devoirs, dont l'un souffrait de l'accomplissement de l'autre. Nous avions trouvé un appartement assez gai, rue Neuve du Luxembourg; Adolphe, qui sortait encore un peu à pied, était près des boulevards, où il aimait à flâner; nos fenêtres donnaient vis-à-vis le jardin du ministère de la Justice, et un jour superbe réchauffait le cher malade et éclairait les leçons d'aquarelle de notre fille. Nous la menions deux fois par semaine au cours de danse, distraction utile et agréable. Ma sœur Alix était une ressource pour nous, Eugénie, toute notre parenté, mais pas de jeunesse ; je le regrettais pour Marie qui, heureusement, portait en elle un fond inépuisable de gaieté.

Dans les étés de 1849 et 1850, les d'Arenberg, à Raismes, furent une grande ressource pour nous. La princesse, très aimable, d'un caractère gai et plein d'entrain, illuminait tout autour d'elle ; elle fut excellente pour Marie, qu'elle trouvait gentille, et à qui elle accordait une part de l'amitié qu'elle me témoignait en toute circonstance. Elle me la demandait quelquefois, la faisait dessiner près d'elle, promener en voiture, et surtout rire, chose si précieuse pour la jeunesse. Nos maris décidèrent ensemble un voyage à Paris, voulant essayer le talent d'un masseur en renom, un M. Moltonneau qui nous parut de prime abord un fameux charlatan. Chacun en espérait merveille pour des souffrances si différentes. Elles ne s'en trouvèrent pas bien, mais quelques jours d'espérance, n'est-ce pas quelque chose ! Nous logeâmes dans l'appartement de ma sœur, rue Joubert, par mesure économique ; les d'Arenberg à l'hôtel Mirabeau. Nous nous réunissions presque chaque jour, pour quelques courses dans les magasins. Sophie avait beaucoup d'emplettes à faire, puis nous faisions des promenades dans les environs. Nous allâmes voir jouer les grandes eaux du parc de Versailles, avec mon frère Léon et sa jeune femme ; les d'Arenberg y raccrochèrent le comte Rodolphe Apony, et nous fîmes tous ensemble un excellent et gai dîner à l'hôtel des Réservoirs. Le prince n'était pas content de la chère qu'il faisait à Paris ; il cherchait chez les bons restaurateurs à composer un menu savant, dont le total le mécontentait ; il ne voulait pas voir qu'il fallait se contenter d'un petit nombre de mets, pour rester dans les limites raisonnables. Aussi nous ne nous risquions à manger avec lui, qu'à un prix fixe par tête.

Nous allâmes encore ensemble visiter Saint-Denis et ses cryptes royales. Notre guide flaira des voyageurs de distinction, aidé peut-être par le valet de chambre du prince; il nous raconta à voix basse que, peu de jours avant nous, il avait reconnu dans un visiteur le comte de Chambord, qui en parut fort contrarié; mais que, se jetant à ses pieds quand il ne pouvait être vu, il lui avait dit qu'un ancien soldat de la garde royale ne pouvait être qu'un serviteur dévoué, digne de sa confiance. Il nous sembla, néanmoins, qu'il ne l'était pas tout à fait, ayant pris les premiers venus pour confidents.

Une de mes amies ne pouvait comprendre que nous interdissions le spectacle à Marie; sincèrement pieuse, ayant reçu une éducation religieuse plus complète que la plupart des femmes, nous ne nous entendions pas cependant là-dessus, et je lui refusais positivement de conduire ma fille aux spectacles soi-disant bons. Dans d'autres pays, après leur entrée dans le monde, on y conduit les jeunes filles de la haute société; en France, l'éducation religieuse l'interdit. J'avoue que je crois la raison de notre côté; à qui s'en rapporter pour le choix des pièces? A des hommes qui, allant à toutes, finissent par avoir la manche fort large et n'ont pas la délicatesse de conscience que nous tenons à conserver à nos filles. Si, après le mariage, leur mari trouve qu'il y a exagération, ils sont les maîtres, elles obéissent sans scrupule, et ils en ont la responsabilité ; la mère a mis la sienne à couvert.

Le moment où les parents doivent songer sérieusement à marier leur fille approchait pour nous ; toujours redouté, il se compliquait par l'état de santé de plus en plus alarmant de mon pauvre mari. Aucun projet ne pouvait se former, parce qu'une de ses crises venait les renverser. Marie, avec son tact et son cœur, avait compris que tout devait être, et était dans notre intérieur, soumis à cette douloureuse boussole, règle invariable de notre existence ; elle avait fait le sacrifice des petits plaisirs de son âge, sans que l'expression d'inutiles regrets vînt en diminuer le mérite, et augmenter la peine que je ressentais de devoir les lui imposer. Son caractère restait gai et égal dans un intérieur si souvent triste.

Parmi les partis qui se présentaient pour elle,

Camille nous parut le plus désirable ; nous avions l'espoir de revoir souvent notre enfant si aimée, dont l'éloignement eût été pour nous, dans les circonstances où nous nous trouvions, un sacrifice au-dessus de nos forces. Depuis longtemps, mon beau-frère de Robersart avait été chargé par M. Martel Obert de nous en parler. Convenant aux deux familles, cela devait s'arranger facilement ; les jeunes gens avaient la même bonne éducation chrétienne et les mêmes habitudes raisonnables ; ils se convinrent facilement aussi. Mes beaux-parents étaient fort contents ; nous avions prié et fait prier les bonnes âmes afin que Dieu nous inspirât : nous sommes si aveugles, notre prévoyance ne va pas loin, et le redoutable avenir étant, pour les pauvres humains les plus clairvoyants, si incertain ! Au mois de septembre 1850 nous prenions ce grand parti.

Presqu'à la même époque mon frère Louis, chef de notre maison, tendrement aimé de nous tous, malgré les préférences dont il avait été l'objet, après maintes hésitations, se décida aussi à se marier. Ce fut pour nous une joie qui eût été doublée, si mon père et ma mère avaient été là pour la partager : Mlle Marie d’Oultremont, qui fixait son choix, était une personne de grande naissance, instruite, remarquablement belle ; elle devait avoir de la fortune, mais n’avait pas eu, dans un intérieur assez troublé, les douces joies de la famille qui épanouissent le cœur.

Le mariage se fit chez ses parents à Duras, avec une brillante assistance : le prince de Ligne, son demi-frère ; la comtesse de Nassau, sa tante, etc. ; et mes frères, mes belles-sœurs, Maurice, M. de l’Epine et moi fûmes invités. J’y menai Marie, pour qui c’était un petit plaisir.

Louis aima sa femme, et de plus il en était fier ; ses succès dans le monde flattaient son amour-propre.

Ma belle-sœur avait promis d’habiter le Quesnoy ; personne ne crut la chose possible ; élevée dans un milieu élégant, faite pour briller, ce théâtre ne pouvait lui convenir, et Louis lui-même ne fut pas fâché de montrer à Paris sa charmante femme. Notre tante de l’Epine s’en montra contrariée ; mais

ce qui pouvait lui convenir à quatre-vingts ans, n'é-
tait pas de saison à vingt-deux, et personne n'accusa le jeune ménage de manquer de raison. Le
brillant, chez elle, laissa bien vite apercevoir le
solide; elle fut mère dévouée et parfaite, et quand,
au bout de dix ans, son avenir fut brisé, elle sut
s'imposer pour ses enfants tous les sacrifices, et
pleura son mari jusqu'à son dernier jour.

Le 17 décembre 1850, le mariage de notre fille
aînée se fit à Odomez. C'était un tour de force,
avec notre famille nombreuse, mais les hôtels de
Condé ouvrirent leurs portes pour la loger; les
repas du jour, comme de la veille, se firent sous
notre toit. Nous trouvâmes des parents indulgents
qui tinrent compte de notre bon vouloir, et voulurent bien dire que ce n'était pas trop mal organisé.

Le mariage se fit à Fresnes, notre paroisse alors.
Les mariés partirent le soir pour Hénancourt, chez
les Lameth, puis de là à Paris, où ils passèrent
quelques jours, avant de revenir à Bruxelles pour
y jouir, chez les Obert, de quelques réunions du

carnaval. Marie y fut fort bien accueillie par la société; cette ville lui plaisait fort; la princesse Ernest d'Arenberg l'avait recommandée à sa parenté; elle venait me dire à Odomez ce qu'on lui en écrivait de flatteur, et elle en jouissait comme si elle eût été sa fille. La duchesse d'Arenberg fut très bienveillante pour la protégée de sa parente dans une fête, chez elle, où on la lui présenta.

Notre chère enfant vint nous rejoindre à Paris, où nous étions allés passer quelques mois de 1851, en hiver bien entendu, et ils purent se caser dans la même maison que nous, rue Neuve du Luxembourg. Peu après son arrivée, Marie y fit la rougeole, Zoé aussi. Ce n'était pas dans notre programme, mais les déceptions sont l'ordinaire de la vie; nous étions ensemble, c'était l'essentiel dans ce moment où la séparation récente faisait saigner mon cœur. La maladie ne fut pas grave, ni pour l'une, ni pour l'autre, mais ce fut assez long pour que le jeune ménage fût privé des petits plaisirs qu'il était venu chercher à Paris.

Je reviens à quelques années en arrière, et avant le mariage de mon frère Louis que nous voyions presque journellement alors à Paris. Il avait fait la connaissance d'un général qui était en relation avec le président de la République, depuis Napoléon III. Il vint un jour nous apporter des invitations pour un bal à l'Elysée ; c'était un moyen de voir de près un personnage déjà célèbre ; nous en profitâmes avec plaisir. Adolphe, étant moins souffrant ce jour-là, fut de la partie ainsi que Marie. Aucun signe extérieur de génie dans cet homme à l'œil terne, au visage impassible. Il causa avec l'ambassadeur d'Angleterre, avec Rothschild, avec la princesse Mathilde, etc., toujours aussi insignifiant. Nous voulions en espérer quelque chose, puisqu'il s'était placé à la tête de la France dans un moment de trouble ; mais non, il n'eut, par la suite, en confisquant notre beau pays à son profit, qu'une triste ambition personnelle, et ne sut pas avoir le courage de le sauver en se sacrifiant, le jour où il fut menacé par les sectes. L'homme dont les sentiments religieux n'ont pas envahi le cœur, ne sera un grand homme que si, par un rare bonheur, les circonstances ne lui demandent pas de mettre le devoir avant son intérêt personnel. Napoléon III, immolé par les sectes, auxquelles, dans sa jeunesse, son inexpérience l'avait affilié, devenait un héros s'il ne leur avait pas obéi. Il eut peur, sauva sa vie, sacrifia la cause catholique et la France. Aussi l'histoire déchirera la page louangeuse que les premières années de l'Empire lui faisaient commencer en sa faveur.

Mais revenons aux premiers moments du mariage de notre fille aînée. Je me demande pourquoi je l'ai quittée pour celui qui nous a fait tant de mal; mieux vaut rester en famille.

Marie partit avec son mari au printemps de 1851, avec entrain, pour un beau voyage en Allemagne, Bohême, Autriche; ils s'embarquèrent sur le Danube jusqu'à Pesth. Il n'avait pas été question qu'on irait si loin, et une lettre, datée de là, me consterna; je voyais le chemin de Constantinople ouvert, et je craignais pour

Marie une fatigue dont un jeune mari pouvait ne pas s'apercevoir pour s'arrêter à temps. Ma prévoyance maternelle, alarmée, fut en défaut, bien heureusement; Marie revint fortifiée, aguerrie, joyeuse, contente. Il ne nous restait qu'à remercier son mari au lieu de le gronder, il avait eu raison, et nous avions été pusillanimes. A notre justification, je dirai que les chemins de fer n'étaient pas nombreux alors, et les voyages par conséquent étaient plus laborieux, aussi en faisait-on moins.

A leur retour, il avait été convenu avec les parents de Camille, que le jeune ménage s'installerait à Thieusies, qui devenait leur chez eux. Cela se fit avec une grande solennité; on leur avait préparé une réception splendide; parents et grands-parents nous arrivions avec eux; tout le voisinage avait été convié : cavalcades, compliments, bergères et sauvages, rien ne manquait au point de vue pittoresque, comme à la vraie cordialité de cette fête, qu'un joli feu d'artifice, tiré sur la tour, compléta le soir. Le peuple belge aime les démonstrations et les campagnes témoignent volontiers, dans ces occasions, à ceux qu'ils appelaient autrefois le seigneur, leur reconnaissance pour les mille services rendus, et un attachement presque toujours réciproque. Notre Nord généralement conservait la même coutume bienveillante et affectueuse envers les grands propriétaires, surtout à cette époque où la mauvaise presse n'avait pas encore cherché à semer la défiance entre les classes, tendant à faire des ennemis de ceux qui, rapprochés chaque jour, ont tout intérêt à être unis. Le bon sens du peuple résiste encore en partie à ces excitations malsaines, mais il faut reconnaître qu'elles font de nombreuses dupes, et qu'il n'est plus ce qu'il était il y a vingt ou trente ans, surtout, hélas! au point de vue religieux. Le curé n'a plus qu'une influence restreinte, qui était cependant si bienfaisante et si moralisatrice; rien ne peut la compenser, aussi y a-t-il une guerre sourde entre ceux qui possèdent et ceux qui voudraient posséder, comme si l'égalité entière était possible! Quand la charité chrétienne montrait à chacun son devoir et qu'il était compris, la résignation et l'espérance d'une vie meilleure amenaient dans la chaumière une paix qui est rarement le partage des palais.

Une première grossesse suivit de près le retour de voyage du jeune ménage Obert; elle ne fut pas heureuse. Marie accoucha à sept mois d'un petit garçon mort depuis quinze jours; ce fut un chagrin et une inquiétude; heureusement cet accident n'eut pas de suite fâcheuse; il avait eu lieu à Bruxelles, chez ses beaux-parents, où elle fut parfaitement traitée par le célèbre baron Seutin qui, par la suite, la soigna toujours avec intérêt et affection. C'était un savant très infatué de son mérite, réel d'ailleurs, mais avec qui il fallait compter, car il était extrêmement gâté par sa nombreuse et aristocratique clientèle.

Je passai quelques jours à cette époque dans la famille Obert, qui occupait alors un charmant hôtel, dans une position ravissante, vis-à-vis le palais et le parc. Adolphe, très tourmenté pour sa fille, m'accorda ce petit congé avec bonne grâce. Je le laissai à Paris aux soins de Zoé, qui fut bien heureuse de me voir revenir, car les crises de son pauvre père devenant de plus en plus fréquentes, ma présence était près de lui bien nécessaire; en pareil cas, j'avais l'expérience du peu qu'on pouvait faire pour le soulager, et lui surtout avait en moi une confiance qu'il n'accordait à personne. Ce fut son dernier séjour à Paris, rendu bien triste pour nous par ses incessantes souffrances. Il pensait, comme moi, utile et nécessaire de mener notre fille dans le monde, mais quand arrivait le moment des visites, des sorties du soir, faites cependant après son coucher, je voyais qu'il me trouvait un peu cruelle de le quitter..... J'en souffrais à coup sûr plus que lui ! Ce tiraillement empoisonnait ma vie..... Comment lui dire que depuis quinze ou seize ans, j'étais garde-malade, sans avoir jamais songé à un plaisir, à une distraction que celles qu'il pouvait partager avec moi, mais que nous avions le même devoir à remplir en ce moment envers notre fille ? Il le sentait bien, puisqu'il avait consenti à venir ces dernières années à Paris, mais sa santé devenant de plus en plus mauvaise, ses pauvres nerfs malades ne le laissaient pas maître des impressions du moment. Il acceptait heureusement les soins d'Emélie, ma femme

de chambre, intelligente, patiente et dévouée, à qui je
dois ici un souvenir reconnaissant; j'étais tranquille la
laissant près de lui.

A l'âge de Zoé, nous ne pensions pas encore à l'é-
tablir, quand le baron de La Grange nous ayant fait
exprimer indirectement le désir que son fils pût nous
convenir, par la comtesse de Croix, sa sœur, amie de ma
tante de l'Epine et par le prince Ernest d'Arenberg, il
nous sembla que la Providence venait nous aider à
sortir d'une position difficile, en nous offrant un parti
si convenable, un jeune homme dont on disait beaucoup de bien, joint à la perspective de ne pas éloigner
notre fille de nous, tout en la sortant de notre intérieur
forcément si triste. Nous accueillîmes volontiers ces
ouvertures, sous toutes réserves que liberté entière
nous serait laissée, comme aux jeunes gens, quand on
se connaîtrait; nous attendions très patiemment l'occasion. Alexis arrivait depuis peu d'un long voyage aux
Indes, après lequel il avait promis à son père de songer

sérieusement à s'établir; il n'était connu personnellement par aucune des personnes de notre famille.

A Paris, il est facile de se rencontrer sans que cela tire à conséquence; les salons sont un terrain neutre, et c'est chez M. de Maingoval qu'il me fut présenté, ce qui me donna à penser que ce projet lui souriait, comme à sa famille et à nous. La liaison de ma sœur Alix avec la marquise de Champagné, sœur d'Alexis, rendit la connaissance facile à faire ; la juste réputation de solidité dont elle jouissait, m'était une garantie d'heureuse influence sur un frère qu'elle protégeait presque maternellement.

Après des réunions que je facilitai de mon mieux, le mariage ne tarda pas à s'arranger. Je me rendais compte de mon inconséquence en ce moment, j'en gémissais et tâchais d'appeler la raison à mon aide : tout en le désirant, j'aurais voulu l'éloigner; Zoé me paraissait encore délicate, puis elle était la douceur de ma vie si pénible. Nos petites promenades, nos entretiens me remettaient après les durs moments passés auprès de mon pauvre malade. Je me sacrifiais,

c'était mon devoir, mais en le remplissant j'étais partagée. J'aurais voulu avoir la certitude impossible
que la santé de ma fille n'était pas compromise ; un
sentiment secret d'égoïsme bien pardonnable me le
faisait craindre plus que de raison, et ma santé souffrait de ce combat. Mon mari me disait : « Je ne suis
plus capable de réfléchir, j'ai confiance en toi, fais
pour le mieux ; » mes beaux-parents approuvaient, et
il plaisait à Zoé ; le mariage se fit donc, et je ne m'en
suis jamais repentie.

Odomez dut encore élargir ses murailles pour
recevoir notre nombreuse parenté, logée la plupart
à Condé. On ne fit pas de voyage de noce cette fois,
j'en fus bien aise et je pus m'habituer avec moins
de secousses, au sacrifice qui m'avait effrayée. C'est
souvent ainsi d'avance, parce qu'on ne réfléchit pas
assez que la grâce de Dieu aide toujours ceux qui
l'invoquent dans les moments difficiles.

NOTES

RECUEILLIES

SUR LA VIE ET SUR LA MORT

DE LA

MARQUISE DELACOSTE,

DERNIÈRE DU NOM.

Es souvenirs de la marquise Delacoste s'arrêtent en 1852, et des récits pleins d'intérêt sont, hélas ! à jamais perdus. Nous ne pouvons avoir la prétention de combler l'irréparable lacune, seulement nous allons joindre à ce qui précède, quelques notes recueillies sur sa sainte vie et sur sa mort.

Comme l'auteur des souvenirs nous l'apprend, elle naquit au Quesnoy, le 14 mars 1808, de cette noble et antique maison de Nédonchel, où de tous temps, même de nos jours, plusieurs membres se sont distingués par la plus haute vertu et la piété la plus exemplaire. Elle reçut au baptême le nom charmant et de bon augure d'Amicie. La Providence la combla de dons, qui ne cessèrent de croître, au milieu d'une famille conservant avec soin les traditions chrétiennes de ses ancêtres.

On parlait d'elle comme d'une jeune personne accomplie ; la douce et aimable gravité de son visage, sa taille élevée et élégante, son air modeste, la faisaient remarquer. Les traits dominants de son caractère furent la sérénité, l'abnégation, la sagesse, et on put lui appliquer dans le courant de son existence la parole de l'Ecriture : « La sagese l'élèvera parmi ses proches ! » Son jugement était un trésor, où tous allaient puiser, avec la confiance et l'amour que leur inspiraient tant de fortes et solides qualités du cœur et de l'esprit, sa justice, sa fermeté, l'entente des affaires, sa piété et la suavité qui l'entourait.

Un écrivain catholique a écrit : « La perfection consiste non pas dans la sublimité d'un état, mais dans l'accomplissement parfait des devoirs de sa condition; elle consiste non pas à faire de grandes choses, mais à bien faire ce qu'on fait ; et il ajoute : Saint Antoine était tenté d'orgueil; la Providence lui fit rencontrer deux époux chrétiens, qui vivaient dans le monde, ne

faisant rien d'extraordinaire, mais accomplissant fidèlement les devoirs de leur état, et il fut révélé au Saint
que les deux époux avaient une vie plus parfaite que
la sienne. »

Telle a été Madame Delacoste ; on pourrait graver
sur sa tombe cet éloge qui renferme tous les autres :
Elle a accompli parfaitement ses devoirs d'état !

Son esprit, qui ne cherchait jamais à paraître, était
juste, doux et très ouvert ; ses goûts étaient sérieux
et charmants ; capable des plus solides lectures et
des plus arides occupations, elle aimait les arts, faisait
elle-même de bonne musique, s'entourait de fleurs.
Qui n'a été émerveillé de celles de la belle terrasse de
Sebourg ! Le chant du rossignol la ravissait en l'élevant à Dieu.

On lit dans l'*Introduction à la vie dévote* : « Je
voudrais que mon dévot et ma dévote fussent toujours les mieux habillés de la troupe, mais les
moins pompeux et affetés, et, comme dit le proverbe,
qu'ils fussent parés de grâce, bienséance et dignité.
Saint Louys dit en un mot que l'on doit se vestir

selon son état, en sorte que les sages et bons ne puissent dire : Vous en faites trop ; ny les jeunes gens : Vous en faites trop peu. Mais en cas que les jeunes ne se veuillent pas contenter de la bienséance, il se faut arrester à l'avis des sages. »

Madame Delacoste suivit ces conseils de point en point, et à vrai dire en tout elle fut un modèle.

Son cœur était profond : comme elle savait aimer ! Quel paradis d'être avec elle, d'être à elle ! Quelle tendresse elle déversait sur son mari et ses enfants. Quelle douceur et quelle sûreté dans ses relations de famille et quelle délicatesse ! Quelle charité pour le prochain et quelle fidélité à l'amitié !

Elle a toujours été exacte à observer le vœu qu'elle exprime dans ses souvenirs, de ne point s'ingérer dans les ménages de ses filles ; sobre de conseils, sa délicatesse à ce sujet fut poussée très loin, aussi Louis Veuillot lui disait un jour à Rome : « Madame, je vous dois d'avoir vu une merveille, des gendres aimant leur belle-mère ! »

Si le marquis Delacoste, son beau-père, si judicieux,

si sa belle-mère, qui passait à juste titre pour une des
femmes les plus spirituelles et les plus distinguées de
son temps, vivaient encore, ils ne pourraient tarir
la source de leurs éloges, et la tiendraient en grand
honneur, comme ils l'ont fait pendant toute leur
existence, et comme l'a fait son mari jusque sur son
lit de mort. Celui-ci, le comte Adolphe Delacoste,
allié à saint François de Sales, descendait d'une
ancienne famille noble du duché de Savoie, famille
dont on retrouve les traces et les alliances distinguées, dès le xive siècle; elle possédait des terres dans
les environs de Chambéry et d'Annecy et s'établit en
Bourgogne au xvie siècle, où elle habita Vitteaux,
Langres, etc. Elle porte pour armes : de gueules, au
lion d'or barré d'azur, crénelé d'argent. Les supports
sont deux léopards ; la devise, *ex utroque costa*, est
une allusion à un fait d'armes; couronne de marquis.

On lit dans les contrats de mariage de la famille celui
du 2 février 1502, entre Guillaume Delacoste, seigneur
de Talloire, et damoiselle Thérèse de Sionnaz, fille
du noble et puissant seigneur Hiérosme de Sionnaz.

La mère de saint François de Sales, lequel naquit en 1567, était la fille de Melchior de Sionnaz.

Le comte Adolphe Delacoste avait un très noble cœur ; élégant officier, d'une gaîté communicative et aimé partout où il se trouvait, son embonpoint le faisait paraître robuste, et qui aurait pu pressentir la longue et terrible épreuve qui allait bouleverser sa vie ! Peu après son mariage, sa santé s'altéra ; longtemps on le crut malade imaginaire, ses parents eux-mêmes engageaient sa femme à le « *secouer,* » ce qu'elle ne fit jamais, et son pauvre mari, après trente-trois ans de maladie et avant de s'éteindre, l'en a remerciée avec effusion. Aucun médecin n'a reconnu la nature de ce mal ; ses souffrances, par moment, étaient affreuses ; sa vue s'affaiblit, ses forces l'abandonnèrent, mais il bénissait Dieu de lui avoir envoyé un ange pour le soutenir et le consoler pendant son long martyre. Madame Delacoste devint la pensée, la plume, l'homme d'affaires, l'exécutrice zélée de toutes les volontés de son mari ; il payait sa douceur et sa tendresse poussée jusqu'à l'héroïsme, par l'amour le plus reconnaissant, et il l'a glorifiée au moment de paraître devant Dieu, disant à ses filles quelle vénération elles devaient à leur mère.

On ne pourra lire sans émotion ces lignes touchantes de son testament :

« Que ma bien chère femme reçoive ici l'expression de ma bien vive reconnaissance, pour les bontés dont elle m'a toujours comblé; elle n'a jamais fait que mon bonheur et ma consolation, et je l'en bénis. Je lui demande pardon des chagrins que je lui ai causés pendant notre union, mais je la supplie d'en accuser mes longues et vives souffrances et non mon cœur, qui, pour elle, n'était qu'affection et dévoûment. Modèle de dévoûment, la plus tendre des épouses et des mères, je te demande de prier pour le repos de l'âme de ton Adolphe qui t'a tant aimée, afin que Dieu daigne me faire miséricorde et nous réunir un jour dans le ciel. »

Si les murs d'Odomez pouvaient parler, nous saurions bien des choses que les anges ont enregistrées. Ils nous feraient voir cette jeune femme de si bonne maison, loin de toutes distractions mondaines, marchant en la présence de Dieu, humble, occupée et souriante dans sa petite demeure, se promenant joyeuse avec son vieux cousin de Normont, dans le modeste jardin, passant une partie de la nuit à écrire pour être prête à huit heures du matin, et tenir compagnie à son matinal beau-père, quand il était à Odomez ; bravant les intempéries des saisons, afin d'assister aux offices lointains de l'église de Notre-Dame-aux-Bois ; allant en secret panser de ses propres mains une femme qui avait un chancre. Nous la verrions déjà marcher d'un pas intrépide vers ces sommets de la perfection, qu'elle devait atteindre avant de mourir. Nous la verrions prier, méditer, faire de grandes aumônes et servir Dieu avec cette piété solide qu'elle avait puisée dans sa famille, et qui s'était développée au Sacré-Cœur d'Amiens, où elle fut élevée avec Madame Lehon, à présent supérieure générale de la congrégation.

La comtesse Delacoste disait, sans se douter qu'elle en était un des meilleurs exemples, que la religion, enseignée au Sacré-Cœur, est cette religion raisonnable dont parle l'apôtre; qu'on y évitait également de développer le cœur aux dépens de la raison, de faire des femmes sentimentales, romanesques et chimériques; et de développer la raison aux dépens du cœur, ce qui engendre la sécheresse et l'orgueil. Le temps le plus heureux de sa vie aurait été celui où ses deux filles grandissaient sous ses .yeux; Odomez, morne et solitaire, se transformait en un petit nid aux gazouillements harmonieux, que son oreille maternelle écoutait avec ravissement. Il fallut leur imposer silence. M. Delacoste devenait de plus en plus malade; de plus en plus, il réclamait tout le temps de sa femme; celle-ci de son côté craignait de mettre sous les yeux d'aussi jeunes enfants, un tableau de la douleur au-dessus de leurs forces; on choisit le Sacré-Cœur de Jette, et, l'une après l'autre, les deux filles chéries y furent conduites. Avec quels yeux humides la mère dut chercher parfois dans le désert d'Odomez les traces des petits oiseaux envolés!

17

Voici à ce sujet une lettre écrite à Mme de La Grange, au moment du mariage de sa fille aînée :

« Je comprends si bien ce que tu me dis de ta peine, au moment de l'émancipation de cette chère enfant, tout cela est si naturel de part et d'autre ; j'y ai passé, comme tu me le dis si tendrement ; mais moi, je comprenais combien était sombre ma demeure avec un malade comme ton pauvre père. Je craignais tant pour ta jeunesse ce spectacle de tous les moments, que j'éprouvais une sorte de soulagement à rester seule près de ce lit de douleur ; je sentais que le courage ne me manquerait pas, du moment où tu ne serais plus si tristement près de nous ; je craignais pour ta santé et même pour ton caractère cette douloureuse influence. »

Néanmoins, bien que les soucis de toutes sortes, les maladies et les morts, aient assailli M. et Mme Delacoste à Odomez, et qu'on les crût comme ensevelis vivants, la noble et vertueuse jeune femme s'y plaisait, et plus tard, elle parlait avec attendrissement de cette humble période de sa vie, où elle avait si bien aimé

et servi Dieu, dans la privation de toute joie exté-
rieure.

Le retour de ses filles du couvent ne fut pour ainsi
dire pas moins pénible que leur départ : souffrir elle-
même, Mme Delacoste ne s'en préoccupait pas ;
souffrir dans ses filles, condamner leur jeunesse à
habiter un tombeau, cela était impossible ; l'hiver à
Paris fut décidé, mais quel combat dans le cœur si
tendre de l'épouse et de la mère ; comment imposer
Paris à cet époux infirme, et plus tard, quand le
devoir maternel parla encore et l'y renvoya, comment
le laisser seul à Odomez ! Jamais cette grande âme
n'a reculé devant ses devoirs, mais ceux-ci, par leur
contradiction, la déchirèrent, et souvent il en fut de
même. Une fois, une de ses filles lui écrivit pour la
prier d'assister à ses couches : l'état du comte Delacoste empira à la seule pensée de perdre sa femme
pendant quelques jours. Ses beaux-parents néanmoins
lui disaient d'aller, et de répondre à l'anxieux appel ;
des larmes silencieuses inondaient son visage, mais
elle resta auprès du pauvre malade, et ainsi l'a-t-elle

fait maintes et maintes fois, quand tout son cœur volait là où les siens malades ou mourants la conjuraient de venir.

La mort du marquis Delacoste, qui eut lieu en 1858, fit passer à son fils, le château de Sebourg que lui abandonna sa mère à laquelle il appartenait.

« Le château était très petit, écrit une de ses petites-filles, et ma grand'mère ne pouvait y réunir ses deux filles qui avaient chacune plusieurs enfants. Je crois que ce fut la seule occasion où elle résista à son mari ; elle voulait faire agrandir le château pour pouvoir nous y rassembler tous ; le pauvre malade craignait le bruit, la préoccupation, elle lui promit qu'il ne s'occuperait de rien, mais elle tint bon. Privée qu'elle était de venir chez ses filles, parce que mon grand-père ne consentait pas à se passer d'elle, c'eût été un sacrifice au dessus de ses forces, de renoncer à les voir sous son toit. Quelles distractions espérait-elle en dehors de celle-là ! Elle n'en cherchait d'ailleurs aucune, et donnait sans compter son temps, son sommeil, la privation de relations et de réunions de voisinage, mais ses enfants ! Non, elle ne pouvait s'en passer ; ils étaient tout son bonheur en ce monde et toute sa consolation. »

M. Delacoste arriva mourant, à Sebourg, et il disait avec un sourire douloureux qui faisait mal : « J'ai un parc que j'aime, et je ne peux m'y promener ; j'ai des chevaux, et je ne peux monter en voiture ; j'ai un cuisinier, et je ne peux manger... »

Il s'éteignit en 1863 dans des souffrances continuelles, supportées très chrétiennement. La douleur de sa femme, et le vide que cette mort lui laissa, furent immenses, et depuis, elle parla toujours de son mari avec un respect qui n'était égalé que par sa vive tendresse.

. . . .

. . . .

. . . .

« Ma pauvre grand'mère fut prise d'un profond désespoir, écrit une de ses petites-filles ; elle avait tellement donné d'elle-même à ce martyr ! Ses veilles qui lui avaient pour toujours brisé le sommeil, tous ses instants consacrés à lui, ses efforts pour chercher les remèdes et l'attention continuelle à les appliquer, ses fatigues sans relâche, les plaintes perpétuelles du malade, l'assurance que seule, elle pouvait apporter du soulagement à ce compagnon de sa vie, tout cela se réunit et se dressa devant elle : il lui sembla que tout lui manquait ! Oui, à cette âme dévouée par essence, il allait manquer de ne plus se dévouer, croyait-elle ; son sommeil, elle ne le reprendrait pas cependant ; les plaisirs que d'autres recherchent, elle ne les avait pas goûtés et ne les recherchait pas davantage ; elle se trouvait sans but, sans œuvres, et il lui fallut toute la force des idées de piété éclairée qu'elle possédait, pour refaire sa vie si différente après cette cruelle séparation. C'est dans la piété, en effet, qu'elle avait trouvé l'oubli d'elle-même jusque-là, et ce fut à la même source qu'elle puisa l'acceptation de cette croix du veuvage si cruelle et si redoutée. »

Six mois avant cette cruelle séparation, Mme Delacoste, avait eu la douleur de perdre sa belle-mère, la marquise Delacoste, alors âgée de 84 ans. Celle-ci s'était fixée à Paris après la mort de son mari, et

Mme Delacoste était allée lui faire sa visite annuelle, au mois de mars 1863 ; elle l'avait trouvée en parfaite santé, et elle était loin de se douter que sa belle-mère fût à la veille de sa mort. Nous laissons sa petite-fille, alors au Sacré-Cœur, raconter cet événement dont elle a été le témoin oculaire.

« Un an après mon entrée au Sacré-Cœur, ma bonne grand'mère vint à Paris voir sa belle-mère qui y était fixée depuis la mort de mon arrière-grand-père ; elle choisit le moment de la sortie du mois et vint me chercher. J'étais ravie, mon arrière-grand'mère était très bonne ; souffrante depuis quelques jours, elle gardait le lit ; j'étais peinée de ne pas la voir. Nous fîmes une promenade et l'on me permit en rentrant d'aller voir dormir ma vieille grand'mère. Elle avait des suffocations ; bonne-maman fit venir le médecin qui la trouva très mal, et le soir après-dîner, le prêtre vint lui donner les sacrements ; bonne-maman me fit assister à la triste cérémonie, prenant sur elle de me faire rentrer plus tard au couvent dans une circonstance aussi grave. Le lendemain elle vint m'annoncer la mort de ma pauvre grand'mère. J'ai toujours pensé que le bon Dieu avait permis que bonne-maman, qui ne sortait jamais de Sebourg, arrivât précisément à point pour que cette âme fût secourue au moment de la mort. »

. . . .

. . . .

Rome vint mettre son baume sur la blessure. La marquise Delacoste partit pour l'Italie en 1864. Elle avait peu voyagé, mais elle était de ces personnes qu'aucune circonstance ne prend au dépourvu (1). Elle courut un assez grand danger sur le mont Cénis, qu'on montait alors et qu'on descendait en diligence, ou en traîneau pendant la neige. Les traîneaux, car il avait neigé, se heurtèrent et glissèrent du côté de l'abîme. Son calme ne l'abandonna pas, ni la pensée de ses

_____

(1) Madame Delacoste était accompagnée dans ce voyage par sa nièce la comtesse Juliette de Robersart.

filles adorées qui devaient la rejoindre, car elle s'écria au bord du précipice : je vais leur écrire de ne pas venir ! tant elle craignait de les exposer au péril.

Mme Delacoste écrivait de Livourne le 6 décembre 1864 :

« A Monsieur l'abbé Plouvier, curé de Sebourg.

» Je ne suis pas encore à Rome ; le vieux proverbe que tout chemin y conduit se vérifie pour moi ; je crois, Dieu aidant, y arriver le jour de l'Immaculée Conception.

. . . .

» Je vous écris sur les bords de la mer, à la clarté d'un soleil splendide, nos fenêtres ouvertes, et je me demande s'il fait froid à Sebourg? Je le crois, car ce matin en débarquant, le nord nous envoyait une bise qui n'avait de douceur que le souvenir de notre pays. Cette petite traversée depuis Gênes a été très facile, et tellement que nous reprenons la mer pour gagner Civita-Vecchia plus vite; nous nous sommes attardées à Gênes où il y a tant de palais, splendeurs passées, mais restes admirables, qui font rêver quand on les voit entourés des misères du présent !... Il y a des églises admirables qui étonnent nos yeux qui n'ont vu que ce que la révolution de 93 nous a laissé. Cette profusion de beaux marbres, de peintures des grands maîtres, de dorures, de sculptures, passe ce que l'on peut en dire. A Milan il faut une journée, et c'est peu pour la cathédrale seule ; vous en avez vu les dessins, mais la réalité surpasse, parce que tout ce marbre blanc dont elle est bâtie à l'extérieur comme à l'intérieur, est sculpté par la main des plus grands maîtres ; pas une de ses 4,700 statues n'est indigne de ce bel ensemble, et quand on est sur le dôme, cette population gigantesque vue de près, est aussi admirable que les anges qui ornent le tombeau de saint Charles, où on ne contemple qu'or, argent, pierres précieuses, cadeaux d'un peuple reconnaissant, de sa riche famille et des souverains. La belle châsse est en cristal de roche montée en vermeil, on peut donc voir au travers de sa limpidité, le saint en habit sacerdotaux, resplendissants de pierreries et d'or; sa vénérable tête, couverte de la mître est noire mais entière encore; après quelques moments laissés à l'admiration et à la prière, un ressort fait rentrer la châsse dans une seconde en argent massif comme la petite chapelle souterraine elle-même, ses portes, sa voûte et ses murailles. Le tombeau de saint Ambroise plus ancien est dans la vieille basilique de son temps, vénérable par son antiquité; les réparations ont toujours été faites en respectant ce qui existait alors, c'est extrêmement curieux comme type de ces temps reculés, on vous montre encore la place où les catéchumènes se tenaient et qu'ils ne pouvaient franchir, le siège antique où le saint présidait son clergé, toutes ces stalles si vieilles, si noires, si respectées!

» Je me suis laissée aller à vous parler de mes impressions, Monsieur le curé; ma plume est cependant trop prosaïque pour cela ; mais ces choses n'ont pas besoin d'être bien dites, pour être intéressant vis-à-vis de ces beautés, il n'y a qu'à être vrai. »

. . . .

» Je vous quitte pour faire une excursion à Pise, qui assurément le mérite, mais l'état des chemins de fer à cause des inondations du mois dernier, nous prive d'aller à Florence ; il faudrait prendre des diligences pour parcourir les endroits interrompus, elles sont mauvaises, ce sont des retards ; de plus on a la crainte d'être rançonné par les conducteurs sans tarifs, etc. Notre consul nous engage aussi à profiter de l'état de la mer ; mais c'est un regret quand on se dit : je ne reviendrai jamais ici !

» Nous n'avons pas eu trop froid sur le mont Cénis, mais des ennuis, des difficultés, des retards ; il n'était que partiellement couvert de neige, les traîneaux marchaient difficilement, c'est une admirable chose que les Alpes, l'homme s'y trouve si petit !... »

.   .   .   .

.   .   .   .

Mme Delacoste arriva à Rome le 8 décembre 1864, jour de l'Immaculée Conception, par une pluie froide et un ciel sombre. La ville éternelle lui produisit d'abord l'impression qu'elle cause à beaucoup d'étrangers; elle devint rêveuse, presque triste, son attente était quelque peu trompée. Ce ne fut pas long, bientôt Rome se révéla à elle dans toute sa majesté et sa triple gloire.

Mme Delacoste s'installa au palais del Gallo, place Trajane, dans ce bel appartement, d'où s'envolèrent tant de causeries riantes, sérieuses, charmantes, et qui jamais ne renaîtront. . . . .

. . . .

Le 24 décembre 1864, Mme Delacoste écrivait de Rome à l'abbé Plouvier :

« MONSIEUR LE CURÉ,

» Je vous remercie de votre bon intérêt pour ma santé, mon voyage a été assez heureux; ne voulant pas m'embarquer j'ai fait deux traversées; l'homme propose et Dieu gouverne. L'Italie avait ses chemins de fer en mauvais état, et on ne l'apprend que sur les lieux ; nous nous sommes embarquées de Gênes à Livourne, et après une pointe vers Pise dont les monuments nous attiraient, nous avons repris la mer de Gênes à Civita ; je n'en ai pas souffert, mes compagnes de route ont été malades, mais j'ai eu froid et j'ai eu peur d'un rhume que la température douce de Rome a fait avorter ; on s'en plaint cependant cette année, il pleut beaucoup et l'on ne se figure pas Rome couverte de torrents et de boue ; à cela près, elle est bien belle ; que d'admirables choses j'ai vues ! Le jour de notre arrivée, elle était en fête pour l'Immaculée Conception, et avant de manger (ce qu'il faut faire partout), nous avons couru à Saint-Pierre pour assister au salut chanté à la chapelle Sixtine ; c'est une musique admirable, des voix incomparables ! j'ai pensé à vous, Monsieur le Curé, qui aimez la bonne musique, et en allant au tombeau des saints apôtres, j'ai prié pour vous qui avez besoin de leur aide pour convertir les âmes. Cette basilique est une telle merveille qu'on ne peut en parler, ne pouvant en donner aucune idée ; j'y ai été quatre fois, je la trouve toujours plus étonnante d'ensemble et de détails. Je n'ai pas encore vu le Saint-Père, il a eu un peu de rhume qu'il soigne, parce qu'il désire officier à Saint-Pierre le jour de Noël ; nous le verrons donc là, et nous ne demanderons notre audience qu'après les réceptions du jour de l'an. En fait de célébrités, nous avons eu la visite de Mgr de Mérode qui est gai, aimable et parle si bien de Sa Sainteté ; celle de M. Louis Veuillot qui nous a promis de revenir. J'ai vu chez la duchesse d'Arenberg, Mgr de Holenlohe, camérier du Saint-Père et son aumônier, et à Saint-Louis-des-Français, Mgr Plantier, mais sans lui parler. Chaque jour nous visitons des églises, toutes curieuses et intéressantes, les unes par leurs richesses, leur immensité, leurs chefs-d'œuvre, les autres par leurs souvenirs et les corps saints qu'on y vénère ; c'est un continuel pèlerinage que Rome !... Nous avons jusqu'ici un peu négligé la Rome païenne, mais elle aura son tour ; le colysée a cependant eu notre visite ; quelle immense et belle ruine, où tant de martyrs ont versé leur sang pour le triomphe de notre religion. On y a établi un chemin de Croix. »

.   .   .   .

.   .   .   .

.   .   .   .

Lettre de Mme la marquise Delacoste à l'abbé Plouvier.

« Rome, le 6 Janvier 1865.

» Monsieur le Curé,

» Les pensées pieuses dominent à Rome, tout vous y ramène ; la vie ici est un pèlerinage continuel, chaque jour vous avez quelque sanctuaire à vénérer ainsi que les souvenirs les plus sacrés, et alors vous priez tout naturellement pour votre famille et pour ceux que vous aimez, c'est presqu'un devoir d'affection, puisque vous avez un bonheur dont il est donné à peu de personnes de jouir. J'ai eu celui de voir le Saint-Père cinq fois, je les compte, car c'en est un si apprécié par moi ; hier je l'ai manqué à la promenade publique de Rome, où il est arrivé sans être annoncé. Il faisait superbe, il y est descendu de voiture et a fait éloigner sa garde ; comme par un courant électrique, les allées ont été en un instant remplies de monde ; il se promenait paternellement au milieu de cette foule agenouillée, recueillie, et témoignant son affection par des vivats énergiques ; on n'a pas l'idée de l'enthousiasme qui l'accueille partout ; il n'y a pas un souverain aimé par son peuple comme Pie IX.

» J'étais parfaitement placée à Saint-Pierre, le jour de Noël où il a officié en grande pompe. Que j'aurais voulu que vous fussiez là. Quel grand et imposant spectacle ! Le Saint-Père a une si noble démarche, une figure où la bonté et la majesté brillent, il bénit du haut de sa sédia avec une grandeur qui ferait prosterner à ses pieds l'homme sans croyance, s'il s'en trouvait là : mais non, sa vue vous change, et j'ai vu des Anglais protestants courber le front comme les autres. Cette grande pompe, qui accompagne les cérémonies où il se trouve, est au-dessus de ce qu'on peut imaginer. On voit tous les cardinaux, leur suite, les évêques, les chefs d'ordre, cette garde noble, qui a un si riche costume; on aime d'avoir vu pareilles choses pour s'en rappeler toujours.

» Ma nièce, très sensible à votre bon souvenir, me charge de ses compliments et vœux, Monsieur le Curé. Les deux hivers qu'elle a passés ici l'ont mise en rapport avec beaucoup d'hommes éminents que nous voyons souvent. M. Veuillot vient nous voir presque tous les jours, c'est un grand et charmant esprit. Mgr de Mérode nous traite en compatriotes; tous les soirs nous avons un véritable cercle où les Français et les Belges dominent, et qui nous fait passer d'agréables moments. On nous mande qu'il fait froid dans notre cher pays; ici depuis quelques jours, la pluie a cessé et nous avons un temps de beau printemps; le matin on ouvre les fenêtres, au lieu de faire du feu. Nous faisons de longues promenades à pied ou en voiture ouverte, et nous faisons du feu le soir comme chose gaie, non comme nécessité, aussi je ne tousse pas, et je m'applaudis d'être venue à Rome, tout en me disant que je ne recommencerai pas chaque année assurément, car c'est un voyage un peu pénible quand on n'est plus jeune. »

La marquise Delacoste recevait à dîner le mardi Mgr de Mérode, Louis Veuillot, Mgr Bastide, parfois le commandeur J.-B. de Rossi et quelques autres personnes; que n'a-t-on noté et saisi au vol tant de traits remarquables, tant d'opinions originales, tant de vues et d'aperçus sur les événements qui remplissaient les conversations. Louis Veuillot excellait dans le monologue; Mgr de Mérode courait bride abattue, jetant des gerbes d'étincelles de traits d'esprit sur tous les sujets; Mgr Bastide, comme il le disait lui-même, *remuait des idées*, gaiement jusqu'au fou rire, sérieusement jusqu'à l'éloquence. On interrogeait le savant commandeur de Rossi sur les catacombes et les antiquités de Latran.

Un soir, le cardinal Antonelli entra dans le salon du palais del Gallo, et fit une longue visite. Les personnes qui se trouvaient présentes, entre autres la spirituelle et sainte Mlle Lautare, de Marseille, tombèrent d'accord et dirent que le cardinal avait un regard d'aigle et qu'il était un type accompli de grand seigneur. On se sentait captivé par sa conversation aisée sans familiarité, nourrie et élevée sans pédantisme.

Contrairement à la plupart des Italiens, qui évitent de formuler leur opinion, le cardinal Antonelli abordait tous les sujets sans diplomatie, quoiqu'il passât pour le premier diplomate de son temps et les éclairait.

Napoléon III ne lui inspirait aucune confiance ; c'est un révolutionnaire, disait-il, il marche la sonde à la main, avance, s'arrête ou recule, selon l'opinion, et, en vérité, il ne veut laisser au Saint-Père que le Vatican et son jardin. Il fit l'éloge de Mgr Régnier, archevêque de Cambrai ; il loua la justesse et la clarté de ses écrits et sa sagesse.

La secte avait en horreur le *cardinal* (comme on l'appelait), et de longue main ourdissait la trame infâme qui éclata après sa mort.

Aussitôt qu'il parut, Veuillot vint annoncer à la
marquise Delacoste la publication du *Syllabus ;* il
rayonnait : « Voilà un document, s'écriait-il, qui va
retentir dans le monde entier, et qui le sauvera, ou le
monde est perdu sans ressources ! »

Mme Delacoste jouissait des beautés de Rome
sans en excepter une seule ; les ruines, la musique,
les arts l'enchantaient, mais son but était la Rome
chrétienne. Les cérémonies de Saint-Pierre, et Saint-
Pierre lui-même ne pouvaient épuiser son admiration ; dans sa ferveur, elle aurait voulu ne point
quitter le tombeau de l'apôtre. Elle visita les catacombes avec M. de Rossi et fut pénétrée de dévotion.
Tout l'intéressait, tout la captivait, tout l'élevait à
Dieu, mais doucement et avec suavité ; enfin, elle
restait toujours elle-même, et partout, elle était à
sa place. Mgr Bastide s'écria avec émotion, un jour,
en la voyant : « Quelle sérénité est répandue sur
la personne de la marquise Delacoste ! » Chacun en
était frappé. Elle ne perdait aucune occasion de
voir Pie IX, de s'agenouiller sur son passage et

d'en être bénie. Sa première audience l'impressionna vivement. Le Souverain-Pontife attendait debout dans le fond d'une salle assez longue. Jamais majesté ne lui parut plus grande, ni plus sacrée! Sa Sainteté la releva avec bonté, et après quelques mots particuliers, se répandit en éloges sur Mgr Régnier, alors simple archevêque de Cambrai. L'entretien tomba ensuite sur le progrès. Le Saint-Père dit que le progrès est bon quand il ne se sépare pas de la religion, source unique du bien et de la vérité, etc. L'audience fut assez longue. Mme Delacoste baisa la main et les pieds du successeur des apôtres, et sortit remplie d'un saint enthousiasme. Que Pie IX était sublime! sa voix étendue semblait une mélodie céleste, et toute sa personne reflétait la Divinité! Jamais homme n'a excité un tel amour, ni provoqué de telles haines. Gloire à Dieu! qui soutient son Eglise au-dessus des abîmes!

Mme Delacoste écrit de Rome, le 28 janvier 1865, à l'abbé Plouvier :

« Monsieur le Curé,

» J'ai eu le bonheur d'avoir une audience particulière du Saint-Père ; il nous a reçues, Juliette et moi, pendant un quart d'heure, seules avec lui ; nous avons eu donc bien le temps de lui demander ses bénédictions pour nos parents, nos amis, pour vous, Monsieur le curé, Monsieur le vicaire et les religieuses ; il nous a dit en français de bonnes paroles pour vous tous qui travaillez à sa vigne tout spécialement, puis nous a fait de notre bon archevêque, un grand éloge assurément mérité ; il m'a dit : Vous savez qu'il est le premier qui a répondu à la lettre écrite aux évêques sur l'encyclique, j'ai trouvé sa lettre parfaite, etc., etc. Je lui ai dit que tout notre clergé était comme son archevêque, entièrement dévoué au Saint-Siège ; enfin je me suis trouvée bien plus à mon aise que je ne croyais sous son paternel regard, dont je ne puis rendre le rayonnement et la bonté ; sa voix est douce et harmonieuse, on prétend que c'est en italien qu'il faut l'entendre, parce que le Saint-Père a un esprit remarquable et une conversation charmante ; en français il a nécessairement un peu d'accent, mais ce n'est pas désagréable, il ne cherche pas ses mots. Il recommande de beaucoup prier pour l'Eglise et pour lui, mais il a une très grande confiance en la Providence ; le bruit que fait l'encyclique le laisse très paisible, il a la conscience d'avoir accompli un devoir, et serait prêt à recommencer, à ce qu'assure son entourage, parce qu'il croyait nécessaire de faire connaître l'opinion de l'Eglise. On voit comme il est aimé à Rome ; toutes les fois qu'il sort en voiture pour une promenade, le bruit s'en répand et il trouve toujours une foule avide de le voir et d'en être bénie. Il y a un respect si vrai dans toutes les classes ! toutes les têtes sont découvertes, tout le monde est à genoux, et à peine la voiture partie, on coupe au court en courant, dans l'espoir de le voir passer ailleurs, comme si c'était chose rare à Rome que ces promenades du Pape ; mais jamais on ne le voit assez, tant on a à cœur de lui témoigner respect et affection.

» J'attends M. et Mme Obert du 6 au 8 février,

puissent-ils avoir un bon temps pour le voyage et qu'il soit heureux ; ici, il continue à faire très doux. Hier, nous avons fait une partie de campagne à cinq lieues d'ici, à Albano ; nous sommes parties à sept heures du matin et revenues à sept heures du soir en voiture découverte ; il faisait délicieux, aussi pas de rhume ; on prétend que Naples est encore meilleur, mais cette ville n'a que sa mer, son beau ciel et son volcan ; ici les choses curieuses ne s'épuisent jamais. Aujourd'hui nous avons obtenu une messe sur le tombeau des saints apôtres, dans les souterrains de Saint-Pierre, et il y a quelques jours, dans les catacombes, à côté du tombeau de plusieurs saints martyrs. Chaque église fête son saint patron avec une grande solennité, et on la pare avec de splendides draperies, des fleurs, etc.; on y chante les vêpres en musique d'une grande beauté ; cela, vu le grand nombre d'églises, arrive très souvent. Toutes les personnes qui en ont le temps, courent à ces fêtes religieuses : les cardinaux dans leurs équipages rouges, les gens riches comme les ouvriers, les pauvres même ; enfin, c'est là le plaisir des Romains, dont toutes les fêtes sont religieuses. Le 25, fête de la chaire de Saint-Paul, le Pape est allé dans cette belle basilique ; il y a prié pendant un quart d'heure, au milieu d'un monde énorme ; nous avions su son projet, nous y étions. »

. . . .

. . . .

. . . .

Un soir, au palais del Gallo, Veuillot dit, devant Mgr de Mérode et Mgr Bastide, que plusieurs espions venaient d'arriver de Paris, qu'ils pénétraient partout et que le cardinal Villecourt avait été obligé d'en faire mettre un rudement à la porte ; que c'était un grand diable qui écrivait sur ses cartes, ancien sous-préfet et qui s'appelait Jossaud. A l'instant même, la porte du salon s'ouvre, et le domestique annonce d'une voix de stentor : Monsieur Jossaud!.... Ah! M. Jossaud! s'écrie Mgr de Mérode, et il tombe en convulsions. Mgr Bastide éclate, il pleure, il essuie ses larmes ; Veuillot se meurt. Mme Delacoste garda seule son sang-froid, et, en parfaite maîtresse de maison, accueillit le pauvre Jossaud qu'elle avait connue quand il était sous-préfet à Valenciennes. Le fou rire durait toujours et finit pas surprendre le soi-disant espion. Mgr Bastide se remit enfin, et fit mine de continuer une histoire plaisante, interrompue par la visite. Le bon Jossaud profite d'un peu de calme et demande à être présenté à Mgr de Mérode; c'en fut trop : Mgr de Mérode éclate de nouveau, prend son mouchoir, pleure, ne peut dire un mot. Jossaud, qui s'était avancé grave comme M. Prudhomme, retourne sous l'aile de Mme Delacoste, et lui dit lentement : « Je trouve Mgr de Mérode bien gai ! » Nouvel éclat général; enfin, Jossaud part et on s'en donne à cœur joie.

La marquise Delacoste parvint à la longue à se faire entendre; elle assura que M. Jossaud était le plus brave homme de la terre, et qu'il y avait une lourde méprise. Déjà la réputation de sagesse et de dévouement de Mme Delacoste avait pénétré dans Rome; le P. de Villefort la chargea de détruire la calomnie; elle le fit avec une grande charité, écrivit pour la démentir à ceux qui en avaient entendu parler, et invita à dîner le bon ex sous-préfet, avec Mgr de Mérode, Mgr Bastide et les Veuillot.

M. Jossaud avait écrit une apologie ridicule, à laquelle fait allusion une plaisante lettre de Louis Veuillot, adressée à Mme Delacoste. La voici :

« Madame la Marquise,

» Il me semble que je ne dois pas garder pour moi l'apologie de M. Jossaud, et je vous la renvoie. Si vous me permettez de le dire, il me semble que vous ne pouvez pas non plus la garder pour vous, et qu'il serait bon de la rendre à M. Jossaud ; et pour achever, je crois que vous devriez insinuer à M. Jossaud de ne pas la garder pour lui, et de la livrer aux flammes. Le feu, voilà le bon confident de nos vertus et de nos déplaisirs. Cette pièce très éloquente a pourtant un défaut. Elle prouve trop bien l'innocence de M. Jossaud, et par contre-coup, la déplorable légèreté des Eminences qui ont soupçonné ce brave homme. L'accuser

de profondeurs criminelles et de desseins cachés est
une erreur manifeste. C'est une grande croix de
penser que des Eminences se puissent tromper à ce
point. Nous nous en tairons par piété, pour ne pas
décrier les conseillers du Saint-Père, mais si l'apologie
va à la postérité, que pensera la postérité ? Quiconque
lira ce papier verra immédiatement la figure de
M. Jossaud ; elle y est peinte, telle que nous la
contemplons ; on y reconnaîtra un pur et simple sous-
préfet, le plus innocent des sous-préfets, et l'on se
demandera comment les cardinaux de 1865 ont pu le
soupçonner d'être autre chose. Quel motif d'accusa-
tions contre le gouvernement temporel, même contre
le gouvernement spirituel ! Sans compter que les
héritiers de M. Jossaud pourront accuser encore ces
cardinaux trop légers, d'avoir empoisonné les dernières années d'un ancien sous-préfet, ce qui dé-
tournerait les anciens sous-préfets de l'avenir de
faire le pèlerinage de Rome, et priverait d'une grande
joie les futurs habitants du palais Gallo. Daignez
peser tout cela dans votre sagesse, Madame, et obtenez

de M. Jossaud qu'il brûle son terrible papier. Il ne s'y décidera peut-être pas sans peine. Tout homme éloquent aime à se mirer dans son éloquence, surtout lorsqu'il est éloquent et innocent ; mais invoquez l'intérêt de l'Eglise, et il s'exécutera.

» Pour obéir aux volontés de Madame la comtesse Juliette, j'aurais voulu vous mettre tout cela en vers. Je ne sais pourquoi, l'aspect de M. Jossaud ne me pousse pas dans les régions de la poésie. On dit que l'innocence est poétique : il paraît que ce n'est pas celle des anciens sous-préfets. La poésie viendra plus tard, j'en suis sûr, parce que le respect, la reconnaissance et quantité d'autres bons sentiments sont déjà venus.

» J'ai l'honneur d'être, Madame la marquise,

» Votre très humble et très obéissant serviteur,

» Louis Veuillot.

» Rome, 11 Février 1865. »

Les Veuillot quittèrent l'Italie au bout de deux mois, et furent remplacés dans leur appartement par les La Grange et les Champagné. Les Obert et le comte de Robersart arrivèrent aussi et logèrent au palais del Gallo. Le comte et la comtesse de Nédonchel, les Croy et les d'Arenberg, qui passaient leur hiver à Rome, ne laissaient écouler aucun jour sans se réunir place Trajane ; tous chérissaient la *bonne* marquise, comme on l'appelait. Elle avait dès longtemps résolu le problème de tenir une conversation aussi agréable qu'intéressante, sans que le prochain, soigneusement épargné, en fît jamais les frais. Elle disait, avec saint François de Sales, que la réputation d'autrui est un fruit défendu. Son esprit était orné. Très bonne, sans vanité ni rancune, elle ne trouvait de défauts qu'à elle-même ; son salon était charmant. Un jour, quelques personnes de mérite du reste, mais qui avaient marché sur une mauvaise herbe, se mirent, devant elle, à faire un massacre des innocents, tout y passa. Mme Delacoste restait silencieuse et grave, et quelqu'un qui l'observait, prenait plaisir à la voir.

Dès que le monde fut parti, cette personne s'écria :
Vous m'avez donné la plus belle leçon de charité
que je pusse recevoir !

Mme Delacoste avait demandé à Louis Veuillot un
autographe de sa main pour la marquise de Courtebourne. Il lui répondit de Paris :

« Madame la Marquise,

» Daignerez-vous croire que j'ai pourtant quelques
excuses à vous présenter ? Permettez-moi d'en donner
une légère esquisse, ce ne sera pas si long que le plai-
doyer de M. Jossaud contre les légèretés du bon cardinal de Saint-Pancrace.

» Ah ! quel souvenir, et que c'était là un heureux
temps ! Donc, Madame, j'ai commencé par être indi-
gné contre vous, parce que vous n'exerciez pas votre
droit de me donner directement des ordres. Je me pro-
posais de vous écrire là-dessus avec force. Je voulais
vous rappeler votre hospitalité si gracieuse, nos promenades si causantes, votre bonté si parfaite durant

cette charmante vie de Rome, dont vous avez fait quelques-uns des plus précieux agréments. Je vous aurais ensuite demandé pourquoi vous me jugez capable d'avoir oublié tout cela et de ne pas en être reconnaissant pour toujours, et j'aurais ajouté mille choses pour vous montrer la force de mon sentiment et de mon respect. Mais pendant que je méditais en songeant un peu aussi à madame la marquise de Courtebourne, j'avais à ma porte trois imprimeurs qui m'apportaient une besogne pressée, en sorte que le temps passait, car il fallait d'abord les satisfaire. Tout à coup voilà votre lettre qui arrive et qui me demande ce que je songeais à vous reprocher de n'avoir pas fait. Tout mon échafaudage est renversé et je me trouve dans la situation cruelle d'un homme qui a eu l'air de vouloir se faire prier. Je vous avoue, Madame, que j'en suis resté ahuri, et que le sort de M. Jossaud entrant dans votre salon le grand soir des grands rires de Mgr de Mérode, m'a paru moins misérable que le mien. Et le pire est que ces malheureux imprimeurs étaient toujours là, toujours pressés. Et voilà encore huit jours qui passent, ce sont ces huit jours qui m'accablent. J'en serais tout à fait écrasé, s'ils ne vous offraient un bon moyen de déployer votre clémence et à moi de m'enrichir de votre pardon. En somme, Madame la marquise, je demande pardon, absolument comme si mes excuses ne valaient rien.

» Pardonnez à un malheureux qui fait imprimer trois volumes en même temps, et qui en compose trois ou quatre autres toujours en même temps, et qui a de très mauvais yeux toujours en même temps, ce qui lui ôte les ressources que pourrait offrir la bougie. J'aurais moins attendu s'il n'avait fallu que dicter, mais une lettre dictée n'est plus ce que l'on appelle un autographe.

» Enfin, Madame la marquise, quand vous recevrez cette lettre, j'aurai écrit à Madame votre cousine, et vos ordres seront accomplis, et je vous supplie de croire que si j'ai jamais le bonheur que vous me demandiez un vrai service, alors je ne tarderai pas, car il est bien vrai que je suis de tout mon cœur, avec le respect le plus absolu et le plus empressé, Madame.

» Votre très humble et très obéissant serviteur

» Louis Veuillot.

» 22 Avril 1865. »

Au milieu de la réunion de famille, la croix se dressa tout à coup à Rome. On y reçut la nouvelle de la mort inopinée d'Alix de Nédonchel, comtesse d'Hauterive. Mme Delacoste, dont elle était la sœur cadette, en fut vivement affectée ; Rome devint pour elle le Calvaire, et dès lors elle désira retourner à Sebourg, où devaient se passer les dernières années de sa vie, dans les parfums de la piété.

« J'ai souvent parlé du bon Dieu avec bonne-maman, écrit une de ses petites-filles, ces dernières années surtout, et je crois qu'elle avait une limpidité d'âme bien exceptionnelle. Elle regardait vraiment Dieu comme un père, et avec ses idées profondément respectueuses de l'ancien régime, elle ne laissait pas dégénérer son amour en une confiance trop présomptueuse, qui fait souvent, dans la piété moderne, qu'on néglige les œuvres chrétiennes de pénitence. »

Trois ans après son retour de Rome, il arriva coup sur coup à Mme Delacoste, deux accidents qui auraient pu lui coûter la vie. Voilà le récit qu'elle en fait à sa meilleure amie, Mme la princesse d'Arenberg.

Lettre de la marquise Delacoste à la princesse d'Arenberg.

« Thieusies, 2 Juillet 1868.

» .Chère Sophie, Dieu vous a conservé une bonne amie, remerciez-le avec mes chères enfants ; il a daigné me préserver, non d'un grand danger, mais de deux en huit jours. Je commence par vous bien rassurer, chère sœur, c'est moi-même qui vous écris, c'est tout dire, et j'ai absolument défendu à Marie de me devancer, pour vous ôter toute inquiétude dès le début.

» Le dix-neuf du mois dernier, j'étais à la Motte-au-Bois, par un temps très chaud ; nous voulûmes faire une partie de barque dans la forêt après dîner. Au moment de partir, Zoé ne nous trouve pas assez de châles pour le retour, va en chercher; je veux m'installer, Alexis me tend la main, je vais trop vite, la manque, perds l'équilibre, et tombe, la tête la première, à l'eau, au milieu de quantité de poutres de bois qui soutiennent un toit abritant les embarcations. Je savais que c'était très profond, mais je savais aussi Alexis si bon nageur que je n'eus pas grand'peur; en effet, il me remit à l'air encore assez vite, quoiqu'une minute paraisse longue, en pareil cas, et j'étais hors de l'eau avant l'arrivée de Zoé, qui n'a pas eu, de la sorte, le saisissement complet. Le pauvre Alexis avait la figure couverte de sang, ses lunettes qu'il n'avait pas pris le temps d'ôter l'avaient blessé, mais grâces à Dieu, très légèrement ; notre dîner ne nous fit aucun mal à l'un ni à l'autre, et nous n'eûmes aucun ressentiment de cette aventure. Je vins à Thieusies la semaine suivante, et le vendredi 26, jour de l'Octave, nous avions été dîner chez mon frère Léon à Boussoit, ainsi que mon frère Henri venu à Thieusies avec moi. Nous revenions

tard, par une soirée délicieuse, un bon chemin, les
chevaux allaient vite, ayant un peu de lune; à cinq
minutes du château, un malheureux fermier avait,
une heure avant, déchargé une voiture de pierres en
pleine route, de manière à la barrer complètement,
c'était stupide! Bref, les chevaux lancés s'abattent, et
nous versons..... Marie, Henri se relèvent sans une
écorchure, Camille crie qu'il a le bras cassé, ce n'était
que l'épaule démise, encore trop, car il a bien souffert,
et comme c'est le côté droit, il ne peut écrire, ni
s'aider pour quelque temps. Quant à votre amie, il
parait qu'elle était sans connaissance, la face dans la
poussière et les cailloux. Quand mon frère m'eut re-
levée, je revins à moi; Marie, désolée, me demandait
ce que j'avais, je me sentais pleine de sang, et la tête
douloureuse, je pouvais à peine répondre; mais je
pus lui assurer néanmoins que rien n'était brisé et
que je pouvais gagner à pied le château. Nous eûmes
trois quarts d'heure après un bon médecin du Rœulx
qui nous rassura, et pansa nos blessures; j'avais le
visage si meurtri que j'étais complètement méconnais-

sable, des dents ébranlées et brisées, l'intérieur de la bouche très malade ; un trou dans le nez ; les yeux intacts, mais les paupières abîmées ; le nez si écrasé, qu'on le croyait cassé, ce que le médecin assura ne pas être. Il vient chaque jour, et le mieux est rapide ; mes yeux dégonflés me permettent de m'occuper, le grand point ; la figure reprend tout doucement forme humaine, passe du noir au bleu et au jaune ; on a levé l'appareil du nez hier, il est encore assez malade, mais on dit la petite plaie de bonne nature, sans inflammation. Je mange des soupes, des purées ; le pain me blesse, toute mastication m'est impossible encore ; mais on vit comme cela, et je puis même faire de petites promenades, je ne dors pas mal ; je suis étonnée qu'après avoir perdu tant de sang, ma santé soit aussi bonne ; il est vrai, que je suis si bien soignée et dorlotée par Marie, qui n'oublie rien de ce qui peut adoucir mes petites misères. Son mari n'est pas malade non plus, mais dort peu ; nous nous consolons en pensant que nous pourrions avoir davantage, et nous remercions le bon Dieu qui nous a laissés avec ceux que nous aimons, et que nous aurions pu quitter si brusquement. »

.   .   .   .

.   .   .   .

.   .   .   .

Quand la voiture versa, Mme Delacoste n'eut d'autre idée que de préserver sa fille qui était à côté d'elle, et se jeta de côté sur un tas de pierres pour l'en garantir et ne pas la meurtrir en tombant sur elle. Plus tard, elle écrivait : « Je me suis fait fort mal, mais au moins j'ai épargné ma fille, que ne puis-je en avoir fait autant pour son mari ! »

En 1867, Mme Delacoste reçut Mgr Marinelli, archevêque de Palmyre, sacriste de Pie IX, qui avait été envoyé en Belgique par Sa Sainteté pour instruire la cause de la béatification de Mathilde de Nédonchel, cousine de Mme Delacoste. Monseigneur fut retenu à Sebourg pendant 21 jours par un accident raconté dans la lettre qui suit :

« La marquise Delacoste à la baronne de La Grange.

» Sebourg, 5 Octobre 1867.

» Je suis revenue ici mercredi pour recevoir Juliette que j'avais réclamée pour Mgr Sacriste ; elle a été exacte, et Camille est arrivé le lendemain avec le jeune Vaulogé par la voiture qui ramenait les Romains. Tout alla bien jusque-là, mais nous voilà au triste revers de la médaille ! Camille montra sa chambre à l'archevêque, et celui-ci descendant pour se mettre à table, dans la demi-obscurité de six heures moins un quart dans cette saison, croit être à la dernière marche de l'escalier ; il y en avait encore une, il manque le pied, tombe, et a grand'peine à se relever. Nous accourons, il dit ne pouvoir s'appuyer sur sa jambe, que son poignet est douloureux. On le porte, ou plutôt on le soutient pour gagner son lit ; il était pâle comme un mort, il est vrai qu'il a toujours un teint très austère. J'envoyai tout de suite la voiture à Valenciennes pour ramener un chirurgien qui arriva aussitôt que possible ; il trouva un petit os cassé au poignet droit qu'il remit ; quant à la jambe il n'y avait aucune fracture ; il espère qu'il n'y a que des contusions, ou peut-être allongement d'un nerf ; il prescrivit le repos absolu, et nous l'attendons encore aujourd'hui. Monseigneur souffre un peu du poignet, cela doit être ; il n'a pas eu grande fièvre et fait avec sa jambe tous les mouvements, dont quelques-uns cependant sont pénibles ; la visite d'aujourd'hui nous dira s'il y a, de ce côté, quelque chose à craindre. Heureusement il a avec lui un bon frère Augustin qui est un excellent garde-malade, mais quel rabat-joie pour moi, quel ennui pour eux ! C'est un véritable saint, l'ombre de la contrariété n'a pas paru sur son front : le bon Dieu lui envoie ce contre-temps, c'est donc bien ; seulement il s'excuse sur le peu d'embarras qu'il cause. J'avoue que j'en suis bien consolée ; sa présence sous mon toit y attirera la bénédiction de Dieu.

» Camille et Juliette sont partis, Monsieur le curé me sera d'un grand secours pour occuper Mgr L..., et distraire un peu le malade qui n'en paraît pas avoir besoin ; il prie, il est paisible et content ; ainsi ne me plains pas.

» Je vous embrasse tous avec tendresse.

» TA MÈRE. »

Que n'y aurait-il pas à dire sur l'apostolat de la marquise Delacoste comme chef de famille, comme mère, comme maîtresse de maison ; mais ce n'est point une vie que nous écrivons, notre tâche est de rassembler d'une main, hélas ! inhabile, quelques fleurs de sa belle couronne. Nous les emprunterons désormais aux notes qui nous ont été confiées.

« Pendant les grands hivers de ces dernières années, écrit Mme la Vicomtesse Obert, ma mère avait fait dire à la Supérieure des petites Sœurs des pauvres de Valenciennes qu'elle ne voulait pas que les petites Sœurs sortissent par ces temps rigoureux et qu'il ne fallait point envoyer de pauvres religieuses quêter à la campagne ; qu'elle enverrait ce que les quêtes rapportaient d'habitude, et c'est ce qu'elle fit tout le temps des froids.

» Autrefois, ma mère eut pour femme de chambre, une honnête fille d'une santé déplorable et qui dès son entrée à son service, réclama les plus grands soins. Entre autres il fallait qu'elle prît un bain chaque jour. Ma mère pensa qu'elle n'obtiendrait pas de ses gens la complaisance nécessaire, et pendant des années, chaque matin, on apportait dans son cabinet de toilette le bain que les domestiques pensaient destiné à leur maîtresse, mais qui était pour cette fille qu'elle soignait et qu'elle aidait à s'y mettre; cela lui prenait beaucoup de temps, et c'était de sa part une grande mortification, car elle était toujours très occupée et constamment dérangée par les pauvres. Elle nous disait encore tout dernièrement :

« Pour moi, la charité qui me coûte le plus, est celle de mon temps. »

« . Pendant la longue maladie de mon père, écrit la Baronne de La Grange, ma mère lui a prodigué ses soins nuit et jour avec une inaltérable constance. Sa charité envers les pauvres était inépuisable; elle m'a avoué avoir fait la promesse de ne jamais refuser une charité; elle ne refusait jamais même celle de son temps; elle recevait sans cesse les pauvres avec une inaltérable douceur, ils ne pouvaient se douter de l'avoir dérangée.

Il serait impossible de dire tout ce qu'elle a été pour Ernest (son petit-fils) pendant les deux années qu'il a passées au régiment à Valenciennes. Plusieurs fois sa santé a demandé quelques jours de repos; pour les obtenir ma mère passait sa journée à tâcher de rencontrer les chefs, et malgré sa fatigue et son âge, continuait ses courses jusqu'à ce qu'elle eût obtenu les permissions qu'elle sollicitait. Elle recevait sans cesse les officiers du régiment; on l'avait nommée la mère du 14ᵉ dragons. »

« L'été dernier je vins ici avec la petite Aliette des Nétumières, que les parents m'avaient confiée parce que leur seconde fille avait la fièvre typhoïde à Paris. Au moment où je quittais Sebourg pour aller

à la Motte-aux-Bois, on découvre que la petite Aliette
a la fièvre : il était plus que probable qu'elle commençait la terrible maladie. Mon embarras était
grand; laisser l'enfant à Sebourg, c'était donner à ma
mère des soucis et des soins d'autant plus à redouter
pour elle, que je savais que malgré son âge, elle ne se
ménagerait pas. Elle me dit ces simples paroles qui la
peignent : « Je te défends de penser à moi, l'enfant
est tout. » Elle l'a donc gardée et n'a cessé de lui pro-
diguer les plus tendres soins pendant sa longue maladie. La présence des parents accourus auprès de l'enfant en danger ne la rassurant même pas, vingt fois
par jour, elle montait dans la chambre de la petite,
et nous avons remarqué que la fatigue occasionnée
par cette maladie avait laissé des traces sur la santé
de ma mère. »

. . . .

. . . .

« Que de traits j'aurais pu citer, continue Mme de
La Grange, mais nous étions tellement habitués à voir
ma mère se dévouer à tous et en toutes circonstances,

qu'on les notait moins chez elle que chez toute autre.
Ses vertus paraissaient si simples, elle avait tant d'art
pour cacher les sacrifices qu'elle s'imposait, qu'on
les remarquait peu. Toute sa vie formait un ensemble
de perfections, et sa douce sérénité en dérobait l'héroïsme même aux siens.

» La vie avec cette chère mère était si douce!... on
prenait l'habitude de ce dévouement si complet, et
sa modestie cachait soigneusement ses nombreuses
vertus; mais elle n'est plus là, hélas! pour nous
défendre de le dire, et la vérité parle trop haut pour
pouvoir nous taire. »

Le confesseur de Mme Delacoste, le vénérable abbé
Capeliez, doyen de Saint-Nicolas à Valenciennes et
ancien curé de Fresnes, écrivait le 17 mars 1885 :
« La vie de Mme la marquise Delacoste est la vie d'une
grande chrétienne, et c'est avec une conviction absolue
que j'ai écrit à la famille qu'elle avait au ciel une puis-
sante protectrice. C'est une pieuse pensée de rassembler ce que son humilité a laissé percer, échapper plutôt, car elle était de cette famille de saints qui ne

craignent rien tant que de laisser voir ce qu'ils ont reçu du bon Dieu. »

Plus tard le confesseur de Mme Delacoste disait encore : « Son humilité a voilé à tous les regards la perfection de sa vie intérieure et l'étendue de sa mortification, dont les instruments de pénitence trouvés chez elle, ne peuvent donner qu'une faible idée, car elle en a détruit bien d'autres que le bracelet de fer et le cilice cachés dans son secrétaire, et que sa mort inopinée l'a seule empêchée de faire disparaître. Elle avait un soin ingénieux à s'imposer des privations en toutes choses quoiqu'elle en souffrît beaucoup. La nourriture, le confort, les beaux ameublements qu'elle aimait, le support des serviteurs, tout devenait l'objet de sa renonciation à elle-même et de sa vigilante pénitence. Elle traitait avec une grande bienveillance ses domestiques qui étaient pour elle la famille antique, et se faisait peu servir ; elle veillait avec sollicitude à leurs besoins spirituels et temporels et disait la prière en commun ; elle se mettait littéralement à la dévotion des pauvres, les écoutant, les aidant, leur envoyant des mets de sa table. Ses aumônes étaient intarissables. Mme Delacoste paya la dot de plusieurs petites Sœurs des pauvres et de plusieurs Séminaristes; elle répandait souvent ses dons à droite et à gauche afin qu'ils restassent inconnus. Son amour pour l'œuvre du Denier de Saint-Pierre et celle des Écoles ne pouvait être plus grand; elle bâtit de ses deniers une école à Sebourg qu'elle mit à la disposition de la commune avec la réserve que l'école serait tenue par des Frères de la doctrine chrétienne. Sa douleur fut immense de les voir quitter Sebourg, etc., etc.

» Après une retraite au Sacré-Cœur de Paris, ajoute son confesseur, retraite où elle reçut beaucoup de consolations, Mme Delacoste fit son testament. Elle était arrivée à marcher continuellement en la présence de Dieu, à ne plus regarder qu'en haut et à se détacher de ce monde. Je remarquais avec édification, dit encore l'homme éminent qu'on vient de citer, que Mme la marquise Delacoste portait un grand respect à la mémoire de son mari; elle en parlait souvent dans des termes dignes de sainte Jeanne de Chantal, et elle

lui conserva son amour jusqu'à sa propre mort. Enfin,
l'ancien curé de Sebourg, l'abbé Plouvier, s'écria devant moi : Je n'ai jamais rencontré une pareille vertu,
c'est une *sainte !* »

Monsieur l'abbé Honoré, curé actuel de Sebourg,
ne connut Mme Delacoste que pendant quelques mois.
« Sa dignité calme et réservée m'en imposa d'abord,
dit-il, mais bientôt je découvris en elle de grandes perfections. Elle a beaucoup combattu, je l'affirme, car
Mme Delacoste, comme saint Ignace de Loyola et saint
François de Sales, était d'un naturel vif et ardent ; je
la vis se réprimer avec force plusieurs fois. C'était la
vraie vertu, la vertu qui se dompte et remporte la victoire ; elle allait à la messe tous les jours autant que
possible, malgré les justes empêchements que sa santé
y apportait ; elle disait avec saint François de Sales :
« La messe est le centre de la religion, il faut faire
tous ses efforts pour y assister tous les jours. » Elle
faisait d'ordinaire le chemin de la Croix et une visite

quotidienne au Saint Sacrement ; dans sa chambre on la trouvait souvent en prière. La sainte Vierge était, après Dieu, l'objet de sa plus filiale confiance ; elle récitait son chapelet régulièrement. Sa méditation habituelle était la passion de Notre-Seigneur Jésus-Christ, et sa devise admirable et son règlement de vie : *d'être toujours au service des autres !* elle communiait le plus souvent possible et au moins plusieurs fois par semaine. »

Mme Delacoste accomplit un grand nombre de pèlerinages, elle fut inondée de grâces et de consolations à Paray-le-Monial et laissa échapper ces mots : « J'ai cru être dans le parvis du ciel ! »

De toutes les classes, se sont élevées des voix pour rendre témoignage à la vie exemplaire de Mme Delacoste. Une pieuse fille de Sebourg à laquelle elle confiait souvent ses charités, disait naïvement : « Madame la marquise donnait, donnait, donnait ! elle était présente à tout, ajoutait-elle, et du premier coup d'œil, elle voyait ce qu'il fallait. Elle envoyait du vin aux malades, du linge, des plats de sa table, elle allait les voir et les consolait, leur offrait d'écrire leurs lettres. Un jour, elle quitta une nombreuse société qu'elle avait chez elle pour aller voir une bonne demoiselle qui venait de perdre un parent, et durant son chagrin elle y retourna presque tous les jours. L'ornementation de l'église, la solennité des processions, la musique sacrée, rien ne lui échappait; quand il n'y avait pas d'organiste, malgré la difficulté très grande de monter à l'orgue, on l'a vue s'y rendre et le tenir pendant les offices. Les reposoirs du château et la terrasse jonchée de fleurs pour les processions offraient un coup d'œil admirable. Un frère de l'Ecole chrétienne de Sebourg eut une atteinte de choléra; elle envoyait d'heure en heure prendre de ses nouvelles, et le soir elle y alla elle-même en faisant porter tout ce qu'elle pensait qui pût être utile. Car, dit l'un d'eux, c'était plutôt une mère qu'une bienfaitrice !

Mme Delacoste était toujours occupée, mais toujours calme et souvent silencieuse. On peut lui appliquer l'éloge qu'on fit de saint François de Sales : « L'on ne lui entendit jamais dire aucune parole mal à propos ; elle ne disait rien de trop ni de trop peu, mais ce qui était nécessaire. »

Un bon frère écrivait : « Je déclare avoir souvent été excité à la vertu par les entretiens de Madame. »

Le 10 mars 1884, Mme Delacoste perdit son gendre, le vicomte Obert de Thieusies, que sa loyauté, son dévouement à sa femme et à ses enfants et ses sentiments religieux lui avaient rendu cher. Elle ressentit l'amertume de ce grand chagrin et de celui de sa fille, mais dans aucune occasion, si cruelle qu'elle fût, nul ne l'entendit jamais murmurer.

Sans qu'on le soupçonnât, le moment fatal de la mort était arrivé. La marquise Delacoste pleurait le fils de son frère Louis, le comte Octave de Nédonchel, officier de cuirassiers, qui venait d'être emporté à vingt-cinq ans, au camp de Châlons, par une fièvre typhoïde ; il laissait un grand exemple de piété, de bonnes mœurs et des regrets universels.

Ce jeune officier avait pu dire sur son lit de mort ces

consolantes et belles paroles : « Mon Dieu, vous savez que je ne vous ai jamais offensé volontairement ! »

Mme Delacoste, en dépit de la saison avancée, voulut aller, le 15 décembre, au Jolimetz, pour le service de son neveu ; et, malgré les instantes prières de sa fille, Mme de La Grange, et de son frère, le comte Léon de Nédonchel, qui, poussés par un funeste pressentiment, la conjurèrent à plusieurs reprises et jusqu'à la dernière heure, de rester à Sebourg ; elle se rendit au Jolimetz, où elle gagna un refroidissement. D'abord elle parut n'avoir qu'un rhume, et elle le croyait elle-même. Son petit-fils, Ernest de La Grange, la quittait sans inquiétude le samedi 20, avec sa jeune femme ; cependant Mme de La Grange, quoique sa mère ne fût point alitée, avait écrit dès le vendredi à sa sœur, qui habite Thieusies, pour l'engager à venir ; et celle-ci, sans hésiter, partit et télégraphia en route, au docteur Lefebvre, de Louvain, d'arriver à Sebourg le plus tôt possible ; ce qui étonna Mme Delacoste quand elle l'apprit le dimanche 21, et elle dit : « Quelle folie ! pour un rhume !... » Le docteur Lefebvre reconnut, le lundi 22 décembre, dans l'après-midi, les symptômes d'une pneumonie ; mais il affirma que le danger, s'il venait, ne se déclarerait pas avant quarante-huit heures.

Cependant la malade avait recommandé toute sa vie à ses filles avec de si pressantes instances, de ne pas la laisser mourir sans sacrements, qu'aussitôt après le départ du docteur Lefebvre, Mme de La Grange lui proposa de se confesser ; elle l'accepta, et dit que le lendemain, elle désirait recevoir la sainte Communion avec solennité, et devant toute sa maison et les ouvriers du jardin réunis.

Le curé de Sebourg vint la confesser vers huit heures du soir et se retira sans témoigner d'inquiétude. La malade parlait avec pleine connaissance, et croyait toujours n'avoir qu'un de ces gros rhumes auxquels elle était sujette. Ses filles se relayaient auprès d'elle tour à tour. Mme de La Grange devait passer la première partie de la nuit dans sa chambre ; elle ne quittait pas des yeux sa mère qui était un peu agitée. Tout à coup, vers onze heures du soir, sa bonne, sa sainte mère resta immobile et s'endormit pour toujours, arrachée pour ainsi dire toute vivante de ce monde !

Qui peindra la stupeur qui se répandit dans la maison et le désespoir des enfants ? Dieu le sait ! C'est dans ces moments qu'on bénit plus que jamais la Providence d'être chrétien, et d'avoir la foi, car quelle consolation le monde peut-il offrir devant la mort !

La triste nouvelle fut un coup de foudre, on ignorait la maladie de Mme Delacoste, et de toutes parts les regrets éclatèrent. Le samedi 27 décembre 1884, on arriva de très loin et en grand nombre pour l'enterrement. Les membres de la famille eurent encore la consolation de contempler cette douce figure, qui semblait sourire à la mort. Il régnait une douleur générale, et on entendait l'éloge de la défunte passer de bouche en bouche. Les pauvres, qui n'avaient cessé de se succéder et de prier auprès de son lit de mort, disaient : nous avons perdu une bonne mère ! Dieu bénit sans nul doute les larmes abondantes qu'ils versèrent sur le cercueil, quand il parcourut cette terrasse, témoin de tant d'aumônes !

Le testament de la marquise Delacoste, dernière du nom, fut trouvé si chrétien et si beau, que le curé en lut des fragments en chaire, dans l'église de Sebourg.

Le voici :

Au nom du Père et du Fils et du Saint Esprit, dont j'invoque au sortir de ce monde, la miséricorde avec confiance, malgré mon indignité. Sainte Vierge, Mère et refuge des pécheurs, priez pour moi.

Chères et bien-aimées filles, je vous demande du courage, de la résignation à la volonté de Dieu, à qui je rends des actions de grâces de m'avoir laissée en ce monde le temps nécessaire pour vous élever, vous établir, jouir de vos joies maternelles et être connue de mes chers petits-enfants à qui je vous prie de souvent parler de votre père et de moi ; que nous ne soyons point oubliés de ceux que nous avons tant aimés ! Qu'ils prient tous chaque jour pour moi afin que Dieu, dans sa grande miséricorde, daigne me réunir à votre père. Si j'arrive au suprême bonheur, je prierai pour vous que j'ai tant aimés pour que

Dieu bénisse vos ménages, vos entreprises, et surtout accorde à toute ma descendance la grande grâce du salut : qu'aucun de vous ne soit jamais indigne du nom de chrétien; sacrifiez tout en ce monde pour le conserver, tout le reste est si peu de chose, et la vie la plus longue si courte! Dieu sait que si je la regrette, c'est par la grande affection que je vous porte, votre tendresse me la faisait douce, soyez-en bénies et remerciées avec toute l'effusion de mon cœur. Je rends grâces à Dieu de m'avoir donné des enfants dévoués, une famille qui m'aimait et me l'a toujours témoigné. Je me soumets de tout mon cœur à sa sainte volonté qui veut que je quitte cette vie, et je vous prie, chers enfants, de dire aussi ce même *fiat* chrétien, offrant votre peine à Dieu pour le salut de mon âme.

Je désire être enterrée à Sebourg auprès de votre père, avec des funérailles aussi simples que possible.

(Suivent ses dispositions pour les pauvres, les messes et ses dons à ses petits-enfants.)

Mon cher Camille, mon cher Alexis, je vous lègue

seuls les trésors que nous partagions, mes bien-aimées filles!... Que votre constante et indulgente tendresse les aide à traverser les épreuves de cette vie ; que vos ménages soient de plus en plus unis, si c'est possible; quand les rangs s'éclaircissent, il faut se serrer. Je vous remercie de tout ce que vous avez fait pour moi, je vous bénis comme mes vrais enfants, car vous méritiez que j'aie pour vous la tendresse d'une mère ; je me recommande à vos prières.

Quand je pense, chères enfants, que ce sont mes dernières paroles, que je voudrais y mettre la tendresse dont mon cœur déborde pour vous! Si j'ai fait quelque peine à l'un de vous pardonnez-le-moi, c'est bien involontairement; si je ne vous ai pas toujours donné l'exemple de toutes les vertus que je vous devais, pardonnez-le-moi encore ; j'aurais voulu être meilleure, Dieu le sait, mais toute ma vie s'est passée en bons propos, et la mort me trouve avec ces bons désirs, et n'espérant mon salut que de la miséricordieuse indulgence de mon Sauveur.

Adieu, vous tous que j'aime, je vous bénis, chères

filles, chers petits-enfants, de toute mon âme ; je veux que ma dernière prière soit pour que Dieu vous comble de ses plus précieuses bénédictions.

NÉDONCHEL DELACOSTE.

Sebourg, 11 Février 1866.

Je me recommande aux prières de mes bons frères, de ma chère sœur Valentine, de mes belles-sœurs Marie et Maria ; je les prie de continuer à mes filles l'affection qu'ils me portaient. Je demande les pieux souvenirs de mes deux meilleures amies, Adrienne de Cairon et Sophie d'Arenberg.

La marquise Delacoste eut deux filles : Marie et Zoé. Marie Delacoste, l'aînée, épousa le Vicomte Obert de Thieusies et eut quatre enfants : Aldegonde qui épousa le comte de Hemricourt de Grunne; Emmanuel qui n'est pas marié, Amaury qui n'est pas marié, et enfin Valentine, la dernière, qui épousa le comte Roger de la Barre d'Erquelinnes. Zoé Delacoste épousa le baron Alexis de La Grange : elle eut cinq enfants : Amicie qui épousa le marquis de Champagné ; Ernest qui épousa en premières noces Mlle de Galametz, et en secondes noces Mlle de Chaumont Quitry; Marie qui épousa le baron de L'Épine; Louis qui n'est pas marié, et enfin Léonie, la dernière, qui épousa le marquis Hay des Nétumières.

Mme Delacoste vit trois générations, dans ses ascendants et autant dans ses descendants ; et en mourant elle laissa deux filles, un gendre, neuf petits-enfants et treize arrière-petits-enfants qu'elle aima d'un grand et profond amour maternel. Son bonheur était de les recevoir, et souvent le château de Sebourg a ressemblé à la plus jolie des arches de Noé. Malgré son âge et son besoin de recueillement, l'aïeule chérie et vénérée pratiquait la plus large hospitalité, veillait à tout et faisait de son intérieur un lieu de délices.

La marquise Delacoste eut pour frères :

1º Charles-Louis-Alexandre, marquis de Nédonchel, mort le 8 novembre 1861. Il avait épousé Mlle d'Oultremont de Duras qui mourut en 1878.

2º Henri-Marie-Godefroy, comte de Nédonchel, qui mourut le 20 novembre 1877. Il avait épousé Mlle de Blangy qui mourut en 1859.

3º Léon, comte de Nédonchel, qui a épousé Mlle Rodriguez d'Evora Y Vega.

Et pour sœurs :

1º Alix de Nédonchel qui épousa le vicomte Maurice d'Hauterive et mourut en 1865.

2º Valentine de Nédonchel qui mourut religieuse du Sacré-Cœur en 1867.

D'autres frères et sœurs, sauf Georgine dont il est parlé dans les souvenirs, moururent en bas âge.

TABLE

— Lille. Typ. J. Lefort. 1886 —

www.ingramcontent.com/pod-product-compliance
Ingram Content Group UK Ltd.
Pitfield, Milton Keynes, MK11 3LW, UK
UKHW020238180726
13839UKWH00001B/42